创新与创业管理

林国义　戴　雅　张发明◎著

线装书局

图书在版编目（CIP）数据

创新与创业管理/林国义,戴雅,张发明著. --北京:线装书局,2022.12
ISBN 978-7-5120-5375-5

Ⅰ.①创… Ⅱ.①林… ②戴… ③张… Ⅲ.①企业管理—文集 Ⅳ.①F272-53

中国国家版本馆 CIP 数据核字(2023)第 027502 号

创新与创业管理
CHUANGXIN YU CHUANGYE GUANLI

作　　者：林国义　戴　雅　张发明
责任编辑：林　菲
出版发行：线 装 書 局
　　　　　地　　址：北京市丰台区方庄日月天地大厦 B 座 17 层（100078）
　　　　　电　话：010-58077126（发行部）010-58076938（总编室）
　　　　　网　址：www.zgxzsj.com
经　　销：新华书店
印　　制：北京四海锦诚印刷技术有限公司
开　　本：787mm×1092mm　　1/16
印　　张：11.5
字　　数：233 千字
版　　次：2024年 7 月第 1 版第 1 次印刷
定　　价：68.00 元

线装书局官方微信

专著简介

社会竞争压力的不断加大，使得就业形势异常严峻。对于许多毕业生来说，若想保证自己能够获得理想的就业岗位，或是走上自主创业之路，最为关键的就是要拥有创新思维，而且创新能力要得到提升。创新创业是对当前就业形势的一种突破，能够提升创业者的竞争力。通过强化创业者的创新意识与创业实践能力，不但有助于培养毕业生快速适应就业环境的能力，而且可以进一步提高国家创新创业教育战略实施的有效性。

本书立足于培养开发创业者的创造创新能力，希望可以作为广大青年创新创业的指导手册，对培养创新型科技人才，建设创新型国家发挥积极作用。

前　言

　　创业已成为一国经济增长的主要动力之一，它是提高人才培养质量的重要途径，创新创业教育已经成为现代教育的发展趋势和改革方向。创新与创业实质上是存在密切关联的。正是因为有创新的思想，才有了创业的意向；正是因为有创新的能力，才能善于发现创业的时机。因此，加强和深入推进创新与创业管理工作，是推进高质量创业就业的重要举措，也是新形势下提高人才综合素质的必然要求。

　　本书是根据多年的实践经验编撰而成的，包括五方面的内容，分别是：创新与创业导论、创新管理、创业管理、创新创业管理与创新创业实践。

　　本书在编撰的过程中，参考了大量的文献资料，不能一一列出，在此向参考文献的作者们表示崇高的敬意。

　　由于能力有限，书中难免存在疏漏和不足之处，敬请读者批评指正。

林国义　戴　雅　张发明

2022 年 6 月

目 录
CONTENTS

第一章　创新与创业导论

创新创业是当今社会的热点问题。开展创新和创业活动，对于促进经济持续稳定增长，转变经济发展方式，推动产业转型升级和经济社会发展，具有重要作用和意义。因此，本章探究创新创业的相关内容、创新管理与创业管理、创业教育研究与发展。

第一节　创新创业概述

创新创业是基于技术创新、产品创新、品牌创新、服务创新、商业模式创新、管理创新、组织创新、市场创新、渠道创新等方面的某一点或几点而进行的创业活动。创新是创新创业的特质，创业是创新创业的目标。

具体来讲，创新创业是以创新为基础的创业活动。这既不同于单纯意义上的创新，也不同于以生存为目的的创业。创新强调的是开拓性与原创性，而创业强调的是通过实际行动获取利益的行为。因此，在创新创业这一概念中，创新是创业的基础和前提，创业是创新的体现和延伸。

一、创新创业的内涵

（一）创新的基本概念

创新是以新思维、新发明和新描述为特征的一种概念化过程，起源于拉丁语，它的原意包含三层意思：第一，更新；第二，创造新的东西；第三，改变。创新是人类特有的认识能力和实践能力，是人类主观能动性的高级表现形式，是推动民族进步和社会发展的不竭动力。

（二）创新的分类

创新可以从不同角度进行分类。

1．根据创新的表现形式进行分类：知识创新、技术创新、服务创新、制度创新、组织创新、管理创新等。

2．根据创新的领域进行分类：教育创新、金融创新、工业创新、农业创新、国防创新、社会创新、文化创新等。

3．根据创新的行为主体进行分类：个人创新、团体创新、企业创新、政府创新、大学创新、科研机构创新等。

4．根据创新的方式进行分类：独立创新、合作创新等。

5．根据创新的意义大小进行分类：渐进性创新、突破性创新、革命性创新等。

6．根据创新的效果进行分类：有价值的创新，如电脑发明等；无价值的创新，如没有市场需求的新产品等；负效应创新，如污染环境的新产品等。

7．根据创新的层次进行分类：首创型创新、改进型创新、应用型创新等。

8．根据管理对象的差异性进行分类：理论创新、知识创新、技术创新与制度创新。

（三）创新的意义

创新是人类社会进步的重要途径，无论宏观上还是微观上，都具有较强的现实意义，具体如下：

1．对于一个国家而言，创新是一个民族进步的灵魂，是一个国家兴旺发达的动力。

随着竞争的加剧，创新已成为一个国家发展与发达的关键。创新是带有氧气的新鲜血液，是一个国家的生命。从经济学角度来讲，创新推动社会生产力的发展。科学的本质就是创新，科学技术的发展必然导致生产工具与劳动技术的更新，间接提高了劳动者的基本素质，拓展了劳动对象，最终促进社会生产力的提高。从政治角度来看，创新推动生产关系和社会制度的变革。社会发展和变革的先导是理论创新，理论创新会推动其他形式的创新方式的发展，如制度创新、技术创新、知识创新等，进而促使生产关系和社会制度发生变革，实现创新的目的。从文化角度来看，创新推动人类思维和文化的发展。思维方式的变化受到人的实践方式影响。

可以认为，行为方式一定程度上作用于思维方式。此外，实践基础上的理论创新和理论指导下的实践创新推动了科技的嬗变，增加了人类认识的对象，扩大了认识范围，更新和提高了人类思维的性质和水平。因此，创新作为重要的行为方式之一，推动了人类思维方式的发展与变革。文化的改变同样需要行为方式的发展与革新，同样道理下，创新也推动了人类文化的发展。所以，创新是民族进步的灵魂，我们需要树立创新意识，不断进行创新。

2．对于个人而言，创新是一个人在工作乃至事业上永葆生机和活力的源泉。

首先，创新是人的自身需要，创新使人产生改变现实、创造更理想世界的渴望。个人对创新进行观念上的分解和组合，以自己的价值取向选取和重构，创造出有利于人的、具有新的结构和功能的观念客体。这一系列的复杂活动，是高度组织化和信息化的人脑所特有的功能，是人类创造力的最重要条件。其次，创新是人改造世界的实践活动与精神状态的统一。人为了满足日益增长的物质生活与精神生活的需要，总是通过自身的物质生产活动和精神生产活动，不断创造出不同于已存事物的新产品，以充分体验和实现自己的生命价值。创新恰恰是这一目的的实践过程。

二、创业的基本概念

（一）创业的含义

通常意义上，创业是人类社会生活中最能体现人的主体性的社会实践活动。

它是一种劳动方式，是一种需要创业者组织并运用服务、技术、器物作业的行为。

创业有广义和狭义之分。

广义的创业是指社会生活各个领域里的人们为开创新的事业所从事的社会实践活动，其突出的是主体在能动性的社会实践中所体现的一种特定的精神、能力和行为方式。

狭义的创业是一个经济学的范畴，是指主体以创造价值和就业机会为目的，通过组建一定的企业组织形式，为社会提供产品和服务的经济活动。

创业是人们发现和捕捉机会并由此创造出新颖的产品或服务，实现其潜在价值的复杂过程，即从人们创业意识产生到企业成长的全过程。首先，创业是一个复杂的创造过程。价值属性是创业的重要社会性属性，同时也是创业活动的意义和价值。其次，创业必须要贡献必要的时间与精力。初期的创业活动是在非常艰苦的环境下实现的。再次，创业要承担必然的风险。创业风险通常包括人力资源风险、市场风险、财务风险等。最后，创业者预期创业将带来回报。创业预期带来的回报既包括物质的回报，也包括精神的回报，它是创业者进行创业的动机和动力。

结合上述观点，我们可以认为，创业是指主体发现信息、资源、机会或掌握技术，以一定的方式，将现有资源转化、增值，并实现创业主体目标的过程。

（二）创业的分类

按照不同的标准，可将创业分成不同的类型。了解创业类型是为了在创业决策中做比较，选择最适合自己条件的创业类型。我们可以从动机、渠道、主体、项目、风险和周期六个不同的角度进行分类。

按照创业的动机，可将创业分为机会型创业与就业型创业。

按照企业建立的渠道，可以将创业划分为自主型创业和企业内创业。自主型创业是指创业者个人或团队白手起家进行创业。企业内创业是指进入成熟期的企业为了获得持续的增长和长久的竞争优势，为了倡导创新并使其研发成果商品化，通过授权和资源保障等来支持企业内创业。

按创业主体分类，创业可以分为大学生创业、失业者创业和兼职者创业。

按创业项目分类，创业大致可以分为传统技能型创业、高新技术型创业和知识服务型创业。

按创业风险分类，创业大致可以分为依附型创业、尾随型创业、独创型创业和对抗型创业。依附型创业可分为两种情况：一是依附于大企业或产业链而生存，二是特许经营权的使用。尾随型创业即模仿他人创业，所开办的企业和经营项目均无新意，行业内已经有许多同类企业，新创企业尾随他人之后，"学着别人做"。独创型创业可表现在诸多方面，归结起来集中在两个层面：一是填补市场需求内容的空白，二是填补市场需求形式的空白。对抗型创业则是指进入其他企业已形成垄断地位的某个市场，与之对抗较量。

按创业周期划分，创业可分为初始创业、二次创业与连续创业。

（三）创业的意义

对社会而言，创业可以促进国家经济发展与科技创新，创造巨大的经济效益和物质财富，同时，还能提高社会就业率，拓宽就业渠道，对于缓解就业压力具有重要和深远的意义。并且，人们的创业实践活动还具有推动创新教育发展和加快创新型人才培养的功能，适应以创业需要为宗旨的教育实践。首先，创业有利于促进经济增长。其次，创业有利于解决就业问题。创业是就业的前提。若有 10％的人创业，就可以解决其他 90％人的就业问题。再次，创业有利于促进技术进步和社会发展。最后，创业有利于地区的全面发展。例如，温台模式就是创业推动发展的典型。

对个人而言，创业过程中会遇到各种各样的困难与风险，解决这些问题可以提高自身的综合能力，使自己不断成熟。首先，创业可以满足生存需求，获得经济回报。现阶段人才过剩，劳动力价格降低，大学生就业困难，很大一部分人不满意自己的工作，再加上房价、物价的上涨，以及孩子的教育等问题，使得工作待遇成为个人不得不考虑的一个重要因素，而自主创业可能带来良好的经济效益。其次，创业有利于实现个人价值和社会价值。选择自主创业是为了通过这一途径来证明自己的能力。不少创业者有这样的共识：不管职位有多高，他们都没有办法获得创业那种从零开始、从无到有的满足感。创业者可以在一个空间里发挥自己的才能，通过影响一部分人来实现自我价值，得到社会的认可。最后，创业是一种职业。在就业成为主流的情况下，自主创业的人会越来越多，甚至成为社会提倡的主流，成为大学生毕业后就业的重要选择。

三、创新与创业的关系

（一）创新促进创业

奥地利政治经济学家约瑟夫·熊彼特曾就创新与创业的关系问题进行研究。他认为：企业家会努力通过技术创新，即新产品或服务生产的新流程，获得战略优势。在一段时期内，获得战略优势的这家企业可能是唯一使用该创新手段的企业，所以该企业家可以预期获得"垄断利润"。但是其他的企业家会最终发现创新并努力去模仿该创新，这样创新就进一步提升了整个产业的生产力，并且在模仿中涌入的大量新思想使得垄断利润逐渐减少并最终达到平衡。与此同时，新的创新循环又将开始。在这一过程中，怀揣创新目的的企业家或创新主体需要一定的经济利益支撑创新，也会寻找重新制定游戏规则的下一个创新点，即创业的机会形成。熊彼特提出"创造性破坏"概念，较为清晰地明确了创新与创业之间的关系。创业者在新的利润增长点的驱动下，需要创新实现垄断利润。创新者在寻找摧毁旧规则的新的创新点的同时，需要创业实现对创新持续的支撑。

在熊彼特看来，创业来自新产品、新技术、新供应来源与新组织的竞争，竞争不仅仅侵蚀企业的利润和企业的既有产出，而且会动摇企业的根基。创新不仅是竞争的工具，也是保障的基础。

所以创业推动创新是新时代创业浪潮典型的特征之一。讨论创新创业，首先需要明确创新的基础作用。创新能力的提高为创业奠定了良好的基础。随着各项优惠和扶持政策的出台，创新拉动创业的趋势已经形成。

（二）创业精神驱动创新

创业精神意味着有激情、有远见、睿智地运用相关工具，精力充沛地执行创新创业战略，以及带有冒险倾向性地去判断与决策。创新型组织需要在组织中创造一种结构（部门、团队、专家小组等）去利用资源并承担推动创新的责任。倘若缺乏创业精神，有效的组织变革便不会发生。

在现实中，创业精神会在不同的阶段发挥作用，例如，在一个新成立的企业里，个体企业家冒着巨大的风险将新产品投放市场。创业精神更多体现在更新企业现有产品和改进生产、提供产品的方法层面。这与新创企业所需的创业精神几乎一样重要。

那些通常被称为"内部创业者"或者是工作在"公司创业部门"及"公司风险投资部门"的企业家，他们的新想法使他们所在的领域向前推进。当然，改变事物的激情并不一定要围绕着创造的商业价值，也可以在改善生产条件或是在更广泛的社会领域与社会环境可持续发展方面做出改变，这一领域被人们称为"社会创业"。

无论称呼是什么，无论领域是什么，最基本的模型是简单一致的——创业精神驱动着创新。在组织的生命周期里，创业精神驱动创新，从而创造商业价值和社会价值。

第二节　创新管理与创业管理

一、创新管理的含义

创新是经济发展的基本条件，受到创新者自身素质、地区文化特征，以及创新者的社会网络关系等内生因素的影响，同时，又受到区域经济位置、地理资源、市场供求状况等外生因素的影响。创新管理是一个系统的组合，创业的成功并不仅仅取决于某一因素，只有通过系统地管理风险与回报，才能将机会、环境、资源与创新团队合理搭配，最终实现企业的潜在价值。在创新管理中，一般企业的传统管理思想和管理方式不能适应创业过程中的各个阶段。因此，对创新过程中的各种管理方式需要进行变革和创新，进而建立一套符合国情的创新管理机制。

20世纪80年代以来，理论界致力于创新研究，并对创业管理给出了多种概念和解释。总体上，创新管理是不同于一般管理的一种新的管理方式；创新管理不仅是创新主体所具有的，也是一般人应该具备的一种思维方式；创新管理是一种以把握机会为主导的、创建新事业以及管理新事业的行为过程；创新管理与一般管理有内在的关联，很难割裂开来。因此，创新管理是一个促使人们像企业家那样思考和行动的管理系统，是一种把握机会并创造新价值的行为过程。创新管理并不局限于某一单独类型的企业，它适用于一切组织，包括营利组织和非营利组织，老的、新的企业与大的、小的企业。创新管理在不同时期有不同的含义，这种变化从一定程度上反映了管理思想，尤其是企业战略管理思想的演变过程。

（一）创新管理的内涵

创新管理是创新创业的重要手段。创新是创业的前提，如果企业想获得长期稳定的发展，就必须最大限度地运用管理工具，实现创新创业管理的目的。创新创业的成功，来源于持续稳定的创新管理过程。

认识创新管理应该立足于"管理"的概念。"创新"是"管理"的对象。对管理职能的认识源自法约尔的"计划、组织、指挥、协调、控制"五大职能的观点。后人虽然对管理职能的划分持不同的观点，但对将管理职能划分为"计划、组织、领导、控制"

则基本达成共识。按照管理的相应职能，创新管理包括创新计划、创新组织、创新领导和创新控制。狭义上，把创新管理定位于企业设立前后的管理，也就是企业开业之前的各项准备工作和起步之后早期所涉及的管理，包括识别与利用机会、组织资源、制订计划、创建新组织等。从创新的上述概念出发，创新管理是组织中以创新为中心，通过搭建支持创新的平台形成协调的创新机制，来实现人的价值和增加社会福利的过程。创新管理是一种新型组织的建制和生态，是一种文化氛围，是一种不确定性管理。

理解创新管理必须注意几个问题。第一，创新管理是以"创新"为中心的管理而不是对创新的管理。第二，创新虽然不能被管理，但组织可以创建平台来支持创新形成创新的协调机制。第三，创新管理的目的是培育创新的支撑系统，形成创新协同机制。创新协同一方面表现为创新支撑系统内部各要素之间的协调发展；另一方面表现在伴随着创新的进行，创新的支撑要素自觉地发生变化，使其时刻处于支持创新的状态。第四，创新的目标体现在实现人的价值和增加社会福利两个方面，社会福利增加既可以表现为经济价值增加，也可以表现为社会公平与公正的实现。第五，创新需要协同，即创新的实现过程是一个协同过程，具有协同效应，是企业组织的新生。创新是人类存在的必然选择和结果，是通向自由与繁荣的必由之路，人类社会不断进步的历史就是一部不断创新的历史。

综上所述，创新管理是一种以机会为驱动、以创新为导向的管理活动和方式，不仅新建企业需要创新管理，现有企业也需要创新管理。有所不同的是，新企业的创新管理需要从机会导向向行为导向转变，即从机会管理、任务管理向对人的管理转变，开始追求效率和制度化、规范化；而现有企业的创新管理强调创新，是机会管理和行为管理的结合，旨在发掘新的机会，进一步提高效率。

（二）企业全面创新管理

1. 全面创新管理的提出。随着企业创新管理研究的深入，我们必须从更广阔的视角来认识企业创新问题。创新管理的内在特性表现为跨学科性和多功能性，技术、市场和组织变革之间存在着互动关系，要实现创新过程的有效管理，必须应用整合方式来展开创新活动。企业创新管理的重点是企业创新系统内部信息和知识的有效联结，其关键要素有企业家精神、研究和发展体系、科学教育与技术培训、创新资金和企业体制。

企业创新管理研究最初集中于企业技术创新管理，包括技术创新的基本原理、技术创新决策、技术创新活动环节的管理、技术创新的要素管理和技术创新的组织管理等。后来，随着企业的发展，企业家和管理者意识到，即使在现有企业或成熟企业里，由于竞争、产业演变，以及市场需求和环境的变化，企业需要不断地寻求新的增长机会，开发新的业务，只有兼具创新与创业精神的企业才具有活力和竞争力，这就需要企业调整战略思想和管理方式。因此，从理论上讲，创新管理不仅仅是新企业的事情，现有成熟企业也需要创新管理。

基于上述认识，全面创新管理应运而生。可以认为，在当前网络环境下快速满足顾客个性化需求，企业必须考虑到全要素、全员、全时空的创新，通过技术与非技术的协同创新，创造有效的创新方法和机制，激发员工的创新热情。在全面创新管理过程中有效整合企业内外部乃至全球资源，比竞争对手更快、更有效地为顾客创造新的价值，这是全面创新管理的目的。

2. 全面创新管理的方式。集成是实行全面创新管理的一种有效方式。所谓集成，是指将两个或两个以上的集成单元（要素、子系统）集合成一个有机整体的行为和过程，所形成的集成体（集成系统）不是集成单元之间的简单叠加，而是按照一定的集成方式和模式进行的构造与组合，其目的在于更大程度地提高集成体的整体功能，以实现其整体功能的倍增和集成体的涌现目标。

全面创新管理主要包括技术要素（产品和工艺）的创新及其协同机制、非技术要素（战略、组织、市场、文化和制度等）的创新及其协同机制，以及技术与非技术的协同创新机制。技术创新模式下产品创新的重点在于重新配置、整合和优化创新过程的内部机制，例如，并行工程、多功能小组、先进工具和早期参与都可以使创新的产品符合未来发展的趋势。非技术创新模式下的工艺创新是指研究和采用新的或已有改进的生产方法，主要包括对生产装备的更新和对生产过程的重组。创新过程中需要对营销、设计和制造等企业经营职能进行集成，从而综合运用科学的管理手段以达到创新的最佳目标。集成包括技术集成、信息集成和管理集成。

3. 全面创新管理的方法。企业创新需要以一种挑剔的眼光审视企业的各方面和各层面工作，打破平衡，以推动事物的前进和发展，包括重新思考、重新组合、重新定序、重新定位、重新定量、重新指派和重新装备，简称"7R方法"。

（1）重新思考。重新思考关心的是企业工作背后的理论基础与假设，也就是"为什么"的问题，例如，"事情为什么要这么做"。这样深层次的思考有利于解决企业的最根本问题。如果我们只关注事情的表面现象，对做法背后的基本假设视而不见，改变的往往是表面问题，这也是企业创新可能遇到的最大障碍。

（2）重新组合。重新组合涉及工作中的相关活动，目标是要从与"什么"有关的问题中寻找新的答案，例如，"有什么活动可以删减"。重新组合是创新核心的重新组合，涉及的问题包括：活动可以整个淘汰吗？如何在源头实施质量管理，以减少冗余？如何消除手工劳动与不具有附加价值的工作？如何效仿并强化其他行业的最佳作业方式？

（3）重新定序。重新定序关心的是工作运行的时机和顺序，涉及的问题包括：如何预测未来的需求，以提高效率？把活动延后能增加弹性吗？如何同时处理多项活动，以减少所花的时间？如何把相互牵制与依赖的次数减到最少？

（4）重新定位。重新定位注重的是活动的位置，以及进行这些活动的实体基础结构在什么地方，即"哪里"等问题：如何以模块化的方法提高弹性？活动可以搬到更接近顾客或供应商的地方，以改善工作的整体效率吗？活动可以搬到更接近相关活动的地方，以改善沟通的效率吗？缩短交通往返的时间和距离可以减少循环周期吗？如何构建虚拟组织，以减少对集中化实物资产的依赖？供应商如何帮助顾客储存货物？

（5）重新定量。重新定量涉及从事特定活动的频率，提出的问题常常包括：如何更有效地运用重要资源？有没有办法靠减少信息与控制来简化运营并提高效率？有没有办法靠增加信息来提高效率？

（6）重新指派。重新指派涉及执行工作和完成任务的人，即与"谁"相关的新的答案，如现行的活动和决策能移入不同的组织吗？工作可以外包吗？事情可以调整为由顾客来执行活动吗？目前由顾客执行的活动可以改由组织来执行吗？可以由供应商或合作伙伴来执行活动吗？企业结盟有助于形成规模经济吗？如何靠供应链的合伙关系降低成本？

（7）重新装备。重新装备涉及的问题包括地点、距离和实体基础设施，整体目标是要尽量拉近距离，并尽量加强人员在工作中的联系。经常提出的问题包括：科技是如何让工作转型的？如何运用资产或专长，以建立竞争优势？如何利用操作人员的高级技能、低级技能或多重技能来改善工作？

二、创业管理与创新管理的区别

创业管理是以环境的动态性与不确定性、环境要素的复杂性及异质性为假设，以发现和识别机会为起点，以创新、超前认知与行动、勇于承担风险等为主要特征，以创造新事业的活动为研究对象，以研究不同层次事业的创业导向为主要内容，以心理学、经济学、管理学和社会学等为工具，研究创业活动内容内在规律的科学体系。

创新管理是通过对包括人、物、资本、知识和信息等在内的创新资源实施计划、组织、领导和控制等过程来提高组织生产效率与组织效率，以取得新的创新成果为目的，运用经济学、心理学和数学等多种学科的研究方法来研究组织运行规律的综合性学科。传统的创新管理方式聚焦于商品，是技术导向型的，研发、设计、工程、大批量制造、市场规模化操作、自动化和专业化都是重要因素。

由此可见，两者之间存在一定的差异，具体表现为：①管理理论或方法所依据的基础不同，创新管理理论以创新活动或研发活动为研究对象，而创业管理理论则以不同层次的新建事业及新的创业活动为研究对象；②两者的出发点不同，传统的创新管理的出发点是成果，创业管理则注重效率和效益，更侧重于通过找寻机会来取得迅速的成功；③方式不同，创新管理通过计划、组织、领导和控制来实现新产品、新工艺的研发或产出，而创业管理则是在不成熟的组织体制下，更多地依靠团队合作、创新和冒险来实现新事业的发展。创新创业是在创新基础上的创业活动，既不同于单纯的创新，也不同于单纯的创业。创新创业管理的外延较大，既包含传统意义上的创新管理工作，也包括传统意义上的创业工作。究其内涵，创新创业管理以创业为最终形式，以创新为手段，以创新与创业职能为工具，以研究创新创业领域的行为、规范、知识体系为主要内容，最终以创新创业主体实现创新创业为目的。

三、新创企业管理与成熟企业管理的区别

创新是一个民族进步的灵魂，是一个国家兴旺发达的不竭动力。一个国家、一个民族要不断创新，一个企业要生存、要发展、要在竞争中立于不败之地，也必须勇于创新，坚持创新。企业创新是全方位的，是多种创新要素共同推动的结果。从总体上来看，企业创新体系由制度创新、技术创新、市场创新、管理创新等几方面组成。而管理创新是企业创新的基础。

1. 从企业生命周期的视角来看，企业作为有机的生命体，在不同的发展阶段，具有不同的特征，会遇到不同的问题，必须采用相应的管理模式和解决方案。

创业管理对成熟企业来说，核心在于创新；而对新创企业来说，核心在于管理。现有的企业经过长时间的努力已经形成既定的管理模式与组织体系。但由于组织惰性和路径依赖，成熟企业侧重于学习如何创新。新创企业则正处于由个人管理向组织理性转变的过程中，因而需要通过创业管理建立共同遵循的组织原则和制度，培育各司其职、分工协作的团队。总体来看，这种生命周期特性体现在创业管理中，成熟企业里原有的体制与成功是推行创业的主要障碍，而新创企业的主要障碍在于缺乏团队约束。

2. 新创企业和成熟企业在追求创新的过程中采取不同的创业模式。在有效的营销管理和现金流管理的基础上，新创企业构建具有共同价值的高层管理团队，这是打造创业型组织的要点，以免创业活动仅仅停留在商业活动。成熟企业创业成功的关键在于处理好新业务与旧业务、新组织与旧组织的关系。既要构造有利于孕育创业活动、培养创业精神的组织，又要使具有不同成长规律的新组织在原有组织中得以发展。更重要的是，不同的创业管理模式，必定会产生不同的创业行为以及形成不同的投资者和创业者的关系。成熟企业在经历过市场竞争的检验后，已建立起带有组织特征的管理模式与制度规范，这些是未来发展的基础，但同时又是潜在的障碍。

3. 新创企业和成熟企业的管理具有不同的结构特征。新创企业的结构特征主要有两个：一是集权决策，在一个小组织内，通常是总经理做出有关公司经营的大多数决策。当经营规模足够小和简单时，一个人就能了解与决策制定相关的全部信息。

二是非正式管理，创业型公司缺少正式的程序、系统和结构。成熟企业的管理是一种专业管理（一般管理），专业管理也具有两个主要特征：一是决策责任的分配。大公

司规模复杂，个人不能做出公司全部的管理决策，因此总经理必须将授权给下一级管理人员，这种授权方式既决定了公司的结构，又反过来被公司的结构所决定。二是正式控制体制的使用。相对于决策责任的分配，公司采用了正式的体制。

因此，不论是对新创企业还是对成熟企业，创新创业管理都具有战略意义。创新是创业的前提，创业是创新的实践形式。对于新创企业，创新创业管理不仅是价值的实践过程，也能体现出企业未来的发展潜力。而对于成熟企业，创新创业管理是提供价值的过程，创新是核心工作，是成熟企业发展、升级的动力。

第三节　创业教育研究与发展

创业教育始于美国。杰弗里·蒂蒙斯教授是美国最早从事创业学教育的教育家，他认为："在这 20 世纪的最后 20 多年中，创业者们和创新者们已经彻底改变了美国和整个世界的经济。当今美国超过 95% 的财富都是由大变革中的创业一代自 1980 年后创造的，这是个令人惊讶的数字。"就高校而言，美国创业教育的主体是商学院。美国百森商学院 1967 年就在全球第一个推出创业管理的研究生课程，其创业管理本科教育屡次在《美国新闻和世界报道》的排名中位列第一。

20 世纪 80 年代，美国开始进入知识经济时代，美国大学的创业教育和大学生的创业活动开始活跃。在过去的 20 多年中，创业学成为美国商学院和工程学院发展最快的学科领域，创业教育在美国已形成一个相当完备的体系，涵盖了从初中、高中、大学本科直到研究生的正规教育，而创业教育及创业精神的倡导对美国经济的快速发展起到了不可估量的作用。

目前，创业教育早已波及世界许多国家的政府和大学。德国、英国、法国、日本、韩国、澳大利亚、新加坡等国都提出，要把美国的经验吸收到本国来，鼓励大学毕业生创业。许多国家已经开始有目的地将创业教育渗透到普通教育中去。

总体来看，国际创业教育体现了如下特点：

1. 教学思想：学生是教育的主体。教学的重点在于对受教育者个人潜能的挖掘和综合素质培养。创业教育教材中主要模块之一是"自我完善"，它通过对学生个人素质的评估、探索与开发，使学生以创业市场需求为依据，能够比较客观、全面地了解自己，在创业活动中确立自己的位置。

2. 教学目的：不以单一的专业知识或技能的传授为目的，采用大量的案例启发学生，使学生通过自己的分析和研究，引发创业兴趣，树立创业思想，进行自我创业设计。

3. 课程结构：采用分层次的模块化课程结构。在基础阶段，对创业教育的几个通用模块进行学习。学生在了解自己、明确目标之后，能够根据自己的特点，选学有针对性的内容。不同地区、不同专业的学生可以选学不同学时要求的模块。

4. 教学方法：结合本地经济发展的实际、以案例研究为导向是主要的教学方法之一。教师通常利用大量的案例来启发学生，提出具有针对性的问题。通过案例的分析和研究，引导学生依据个人情况和对特定创业环境条件进行分析，在此过程中，发现问题和商机，学会解决问题、抓住商机的方法。

5. 评估考核：评估与考核在教学过程中占有极为重要的地位。它不仅是检验教学质量的措施，也是开展教学的重要方法。如通过课堂问卷填写，对学生个人情况进行调查，做出评定，提出有针对性的素质教育纲要。在许多教材中，都有针对不同情况和要求，规定评估原则、评估类型和评估方法的相关内容。

案 例

共享单车 ofo：昂贵的试错

创新与创业并不是限于全职投入的职务创新或是顾客痛点满足的全职创业，而不受到年龄与状态的限制，以 ofo 为例，创业的主要成员都是在校的大学生。创业过程中也会遇到各种各样的困难与风险，在解决这些问题的过程中，创业者使自己不断成熟。

2014 年

小黄车 ofo 共享单车项目的主要发起成员是北大的 3 名硕士生，但与大众眼中的单车共享的定位有所不同，其起初定位的产品核心为骑行旅游。项目在 2014 年从唯猎资本获得了第一笔投资。

2014 年末

在 2014 年底，项目初期资金将要耗尽，唯猎资本再次投资 ofo。针对项目现有的发展进度，团队认识到共享经济的可发展性，确定将项目的方向调整至共享单车。

ofo 小黄车

共享单车的原创者和领骑者

图片来源：ofo 官网

2015 年 6 月

"无桩单车共享"模式成为 ofo 的亮点首创，团队成员在母校北大首先进行投放。由于高校校园占地面积大，教学楼分布广，学生在校内出行频次高，人流量集中且稳定，共享单车的出现迅速引发了风潮。人大、北航、北交的校园里也开始出现黄色小车的身影。出色的创业团队、明确的运营方向和亮眼的落地成果，为 ofo 赢得了来自唯猎资本和东方弘道的 Pre-A 轮融资。

2015 年 12 月

ofo 订单量飞涨，已经达到了近 2 万。

2016 年 2 月

ofo 项目获得 A 轮融资，金沙江创投领投，东方弘道跟投。ofo 抓住时机，乘胜追击，在北京其余 20 多所高校大规模拓展业务。发展劲头强势，开始由北京地区延伸至周边城市的高校。

2016 年 4 月

ofo 获得来自真格基金和天使投资人王刚 A+ 轮融资，资金的充足助力 ofo 的持续发展。随着技术的升级和营销的开展，小黄车 ofo 订单量不断暴涨，订单金额达到 40 万。

2016 年 9 月初

ofo 获得 B 轮融资，经纬中国领投、金沙江创投、唯猎资本跟投，本次的融资金额高达数千万美元。市场方面的成绩也非常耀眼：ofo 在 21 省市的 200 多所高校都进行投放。并且做出极大的突破，不再局限于高校校园内，开始将范围延伸到城市，ofo 期望小黄车的足迹覆盖全社会。而作为热门的低成本的流量入口和高效率的信息获取渠道，共享单车成为热门的投资风口之一。但短时间内商业模式的"几何式"复制也带来诸多管理难题，停车乱、"潮汐现象"、资金池等制约着共享单车的发展。

2016 年 9 月末

滴滴出行助力 ofo，完成 C1 轮融资。

2016 年 10 月

ofo 完成 C2 轮融资，美国对冲基金蔻图资本管理公司、顺为、中信产业基金领投，元璟资本、著名风险投资家尤里·米尔纳及 ofo 的早期投资方经纬中国、金沙江创投等早期投资机构继续跟投，融资额高达 1.3 亿美元。ofo 小黄车借助资本的力量，将黄色的身影几乎遍布到全国各大高校。

2017 年 3 月

ofo 完成 D 轮融资，唯猎资本和东方弘道融资金额高达 4.5 亿美元。此时的共享经济迎来了爆发式发展。从衣食住行，到知识、空间，再逐步渗入到工、农业领域和人们工作生活的方方面面，共享经济逐渐深度重塑中国的经济形态。

2017 年 4 月

ofo 完成 D+ 轮融资，获得蚂蚁金服的投资。

2017 年 7 月

ofo 完成 E 轮融资，由阿里巴巴、弘毅投资和中信产业基金联合领投，滴滴出行和

DST 跟投，融资金额超 7 亿美元。ofo 在此月的月度活跃用户增长至 6649.2 万，排名行业第一，领先摩拜自行车 400 多万人。

图片来源：ofo 官方

2017 年 12 月

ofo 走出中国，入驻巴黎。并且成为首个服务全球 20 个国家、250 个城市的共享单车平台。

2018 年 1 月

ofo 资金链断裂的消息爆出。

2018 年 3 月

ofo 采取股权与债权并行的融资方式完成了 E2-1 轮融资，融资来自阿里巴巴领投，灏峰集团、天合资本、蚂蚁金服与君理资本共同跟投，其中包括将所有自行车抵押给阿里巴巴换取的 17.66 亿融资。在全球运营超过 1000 万辆共享单车、日供超过 3200 万次骑行服务、拥有超过 2 亿注册用户的 ofo 陷入了困境。

2018 年 12 月

大量用户前往位于北京海淀区互联网金融中心的 ofo 总部楼下，排队登记退押金，这一幕被看作 ofo 败局的标志。

2019 年 3 月

ofo 首次试水电商，引入折扣商城。99 元的押金用户可兑换 150 个金币，199 元的可兑换 300 个金币。在商城 1 个金币抵 1 元使用。大部分商品都以金币加现金的形式换购。

2020 年 2 月

小黄车 APP 上线 4.0 版本，将"全网返利，购物省钱"加到了版本介绍中。此后更新的五版中，均保留了返利内容，却已不见"扫码用车"的入口。ofo 彻底变成了一个返利平台。

	融资轮次	公布时间	融资数额	投资方
ofo单车	天使轮	2015.03	数百万元	唯猎资本
	P re-A	2015.12	900 万元	东方弘道、唯猎资本
	A	2016.02	1500 万元	金沙江创投、东方弘道
	A+	2016.04	1000 万元	真格基金、天使投资人王刚
	B	2016.09	数千万美元	经纬中国、金沙江创投，唯猎资本
	C 1	2016.09	数千万美元	滴滴出行
	C 2	2016.10	数千万美元（C1+C2 为 1.3 亿美元）	蔻图资本管理公司、顺为资本，中信产业基金、元璟资本，著名风险投资家尤里·米尔纳，经纬中国、金沙江创投等
	D	2017.03	4.5 亿美元	唯猎资本、东方弘道
	D+	2017.04	金额未透露	蚂蚁金服
	E	2017.07	超 7 亿	阿里巴巴、弘毅投资 中信产业基金、滴滴出行、D ST
	E 2-1	2018.3	17.66 亿元	阿里巴巴、灏峰集团、天合资本、蚂蚁金服、君理资本

为什么看似强盛的 ofo 会在短短的一段时间内经历由盛转衰呢？有将问题归结为资本的，有将问题归结为管理的，也有将问题归结为时运的。互联网造富的神话实在太多，近年来，许多企业在极短时间内从不名一文一跃成为独角兽。

【思考】昔日风光的 ofo 为何走到如此地步？

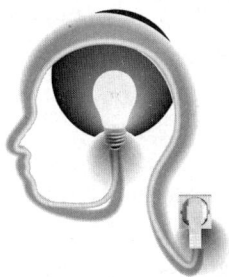

第二章　创新管理

创新目前已经成为社会经济领域中一个耳熟能详的词汇。尤其是在"大众创业，万众创新"的创新发展战略提出后，创新更是被提到了前所未有的高度。因此，创新管理至关重要。基于此，本章对逻辑思维、非逻辑思维、创新的类型、创新环境、创新教育、创新能力展开论述。

第一节　逻辑思维

一、逻辑思维的含义

逻辑思维是借助言语形式（或自然语言）表达的思维。言语或语言是人类社会实现人际交往或思想交流的工具，它所表达的思维符合语言法则（语法）和逻辑规则。例如，"我们正在看电视"，大家能看懂，但如果是"电视看正在我们"，那就看不懂了，因为这句话不符合语法规则。

逻辑思维是人们在认识过程中借助概念、判断、推理反映现实的过程。它是一种有条理、有根据的思维。它是确定的，而不是模棱两可的；是前后一贯的，而不是自相矛盾的。在逻辑思维中，要用到概念、判断、推理等思维形式和比较、分析、综合、抽象、概括等方法，而掌握和运用这些思维形式和方法的程度，也就是逻辑思维的能力。逻辑思维是分析性的，按部就班。做逻辑思维时，每一步必须准确无误，否则无法得出正确的结论。我们所说的逻辑思维主要指遵循传统形式逻辑规则的思维方式，常称它为"抽象思维"或"闭上眼睛的思维"。

在逻辑思维中，通过使用否定来堵死某些途径。逻辑思维被比喻为在深挖一个洞，它就是为了把一个洞挖得更深的工具。

二、逻辑思维的特征

逻辑思维是人脑的一种理性活动，思维主体把感性认识阶段获得的对于事物认识的信息材料抽象成概念，运用概念进行判断，并按一定逻辑关系进行推理，从而产生新的认识。其主要特征有以下三个：

1. 概念的特征：内涵和外延。

2. 判断的特征：一是判断必须对事物有所断定，二是判断总有真假。

3. 推理的特征：分成演绎推理和非演绎推理两种。演绎推理的逻辑特征是，如果前提真，那么结论一定真，是必然性推理；非演绎推理的逻辑特征是，虽然前提是真的，但不能保证结论是真的，是或然性推理。

也可以这么说，逻辑思维具有规范、严密、确定和可重复的特征。

三、逻辑思维的作用

1. 有助于我们正确认识客观事物。

2. 可以使我们通过揭露逻辑错误来发现和纠正谬误。

3. 能帮助我们更好地去学习知识。

4. 有助于我们准确地表达思想。

四、逻辑思维在创新中的作用

1. 逻辑思维在创新中的积极作用：发现问题，直接创新，筛选设想，评价成果，推广应用，总结提高。

2. 逻辑思维在创新中的局限性：常规性、复杂性、固定性。

第二节 非逻辑思维

一、非逻辑思维的含义

人类的思维，除了传统的、有条理的、清晰的、理性的逻辑思维外，还有无序的、非理性的非逻辑思维形式，因此，人类思维应当是由逻辑思维和非逻辑思维或有意识思维和无意识思维两大部分构成。一个完整的思维过程，应当是这两种思维类型共同参与的过程。科研创造性活动中的创造性思维应是这两种思维类型高度综合运用的结果，创造性思维就其本质而言，追求的是创新与突破，它的源泉正是非逻辑思维，因此非逻辑思维在创造性思维中起着举足轻重的作用。

长期以来，人们总是强调逻辑思维的教育和训练，而忽视了非逻辑思维领域的开发。

其实非逻辑思维并不神秘，可以通过后天的努力和有效手段的训练而获得。

逻辑思维是指规范性思维，无论是演绎、推理、归纳，都只能按逻辑程序进行。

非逻辑思维属于人们内在的心理活动，也可称为"非言语思维"。

非逻辑思维是指思维主体直接指向问题解决的非逻辑常规的思维形式，主要包括想象、联想、隐喻、类比、灵感、直觉、顿悟等。

二、非逻辑思维的本质

当我们对某一对象还很不了解时，我们就无法认识它，我们对支配它的本质和规律茫然无知，通常我们是将其看作是由某种超自然的、天赋的力量所支配。

人们对非逻辑思维的认识也是如此。有人把非逻辑思维当作神赐之灵感，也有人把非逻辑思维看作天赋之直觉，还有人把非逻辑思维当成神秘的第六感，也还有人把非逻辑思维看作假设、猜想、顿悟、横向思维等。总之，人们把一切不符合逻辑思维规律和规则的思维现象都当作非逻辑思维。非逻辑思维无论是在科学创造中或是在文艺创作中，常常显示出惊人的创造性。

三、非逻辑思维的根本特征

1. 扩散性。扩散性是非逻辑思维最根本的特性。它是人们日常进行的逻辑思维的逆向运动，是思维从凝聚点反射过来的外围世界所做的扩张和辐射，是思维的裂变、聚变式的连锁反应或者是思维超越某一类现象，某一组经验的有限范围向外投射，使信息产生更多的信息，使一组输出多次转移，从而在广阔的背景上抽象出覆盖更广阔领域的一般原则、普遍公理。扩散性对于被传统思维方式所禁锢着的认识来说更具有创造性与突破性。美国经济学家乔治·拉德曾说："有意识思维过程的确在发明创造中起了作用，但它主要造就的是批评家、评论家，而不是创造者。而无意识的基本过程，才是发明创造的源泉和诞生地。"

2. 直接性。非逻辑思维是指在前提材料不充分或很不充分的情况下所进行的思维活动。对于任何一个非逻辑思维的结论来说，支持这个结论的前提材料就总是不充分或很不充分的。我们在做出一个非逻辑思维的结论时，往往只是考察了一类事物的部分对象或一个事物的某些方面，以此对这类事物的所有对象或一个事物的全部做断定。极端的情况是，我们只知道对象的一点点信息就做出大胆的假定性结论。这是非逻辑思维活动的典型形式。举例来说，魏格纳发现大陆漂移说的过程。当魏格纳产生了大陆原来是连接在一起的，后来发生漂移才形成现在这样状态的非逻辑思维时，他所依据的前提材料仅仅是：从地图上看，非洲和南美洲的外形轮廓非常吻合（当然还有其他一些背景知识）。显然这一点前提材料对于整个大陆漂移说的结论的支持是不充分的，只是很直接的简单反映。

3. 突发性。非逻辑思维则不是人们想在什么时候产生就能产生的，而是在人们对某一对象的认识积累了一定材料的基础上产生的。但是前提材料积累到什么程度才能产生非逻辑思维是无法确定的，只能因人而异、因时而异。有的人只从经验世界的一两点暗示就能找到问题的症结及其答案，有的人在真理碰到鼻尖时仍不曾觉察。非逻辑思维产生的突发性主要表现在：有时它是人们深思熟虑之后突然产生的一种思维现象，有时它又是人们在不经意中突然产生的一种思维现象。

四、非逻辑思维表现形式及其作用

非逻辑思维是一个非常广阔的世界，它的表现形式丰富多彩、多种多样，其中最主要的是：想象、直觉与灵感。

1. 想象。想象是把人记忆中以往的信息、表象制造成直观可感的新形象的一种思维方式。它是思维扩散性的主要表现。英国哲学家培根将想象区分为再造性想象和创造性想象，前者指人们依据以往或现在仍然存在的客观实在原型组合的一种形象；而后者的形象则是当时尚不存在的，对未知世界的一种猜想，是一种创造性的形象思维，是人们更为重要的思维品质。它的特点不是凭借逻辑的力量，而是依靠生动鲜活的形象建立起综合事物各种因素的新的网络。它在科研中的作用主要集中在帮助提出假说和建立想象模型。

纵观光的电磁理论产生的过程，法拉第的实验研究最富于想象力。1832 年，当他思考电磁相互作用的方式时，遇到了难题，按照传统的牛顿力学中"超距作用"的理论不能理解电磁相互作用是怎样传递的，后来，磁铁周围铁屑有规则分布轨迹所描绘出的曲线，使他萌生了"磁力线"的概念，进而把磁力从磁极向外传播，想象成受扰动的水面振动，或者比作声音在空气中的振动，这种振动传播的方式不仅适用于电和磁，而且适用于光，由此创造性地提出了电磁场和电磁波动的新概念。

2. 直觉。直觉是指人们在无意识状态中没有经过任何逻辑推理过程而对客观事物、真理、知识产生某种直接认识与理解。它在科学创造中的独特价值，在于能够帮助科学家从纷繁复杂的各种事实材料中敏锐地发现其中含有本质性的因素，对关键性的问题做出甄别与选择，并在此基础上，预见这一问题的未来发展前景，把机敏的判断和丰富的假设结合在一起，迅速做出试验性的结论，提出新的科学思想。爱因斯坦提出的光量子理论凭借的正是他非凡的直觉能力。

关于光的本性问题在历史上曾激烈争论了几个世纪，牛顿认为光是微粒，而惠更斯则认为光是波。1905 年，爱因斯坦提出了光量子理论，指出连续的光波具有粒子性。光既是波动的，又是粒子，即具有"波粒"二象性。这个科学思想的提出，对研究光的本性新领域起到开创性的作用。直觉是科学创造的一种特殊形式，它可以跳过一系列中间环节，直接感受到相距很远事物之间的内在逻辑关系，把握事物或现象的本质特征。

3. 灵感。灵感是人类思维活动中的一种常见的思维现象，它客观而又普遍地存在于人们的思维活动之中。恩格斯曾有一句名言："只要自然科学在思维着，它的发展形势就是假说。"这就是说，灵感思维作为人类的一种客观而又普遍存在的思维类型，它的本质在目前人们尚未真正科学地揭示之前，仍然需要对之提出假说。灵感思维的对象和产生基础，是思维主体通过实践获得某一定客观事物的大量信息，并对这些信息做了长期的思考；从生理心理方面而言，是思维者大脑里的潜意识活动增强到一定程度而与显意识活动通力协作，相互交融作用的结果。

从其结果和根本作用方面来看，灵感思维能使人出现顿悟，使认识产生突然质变；从根本性质上说，它是一种高级的创造性思维活动。

灵感思维作为人类的基本思维类型之一，它具有突发性、突逝性、终端性、积累性等特征。特别是在科学探索、技术发明等创造性的思维活动中，更能体现其特殊的功能。

当然，灵感思维给人们提供的仅仅只是有关问题的"胚"，而不是直接提供某种答案或完备的理论。正如 T. 里布特所说："灵感并不能导致一个完美的作品。"

就是说，灵感及其思维仅仅只是为人们提供了打开成功之门的钥匙，而不是成功本身。

第三节　创新的类型

一、理论创新

（一）理论创新的概念与内涵

理论是对人类实践经验系统的理性的总结。人类的实践不断向前发展，其认识也不断提高。理论创新则是总结实践的新经验，借鉴当代人类理论思维的优秀成果，在理论上不断扩展新的视野，进行新的概括，不断为自然科学和社会科学增添新内容，并在一个历史时期内起着指导和开拓发展的作用。所以理论创新是指一个理论的创立和发展的过程。

回顾历史，每当孕育社会大变革、大发展的时期，人们总是强烈呼唤思想解放和理论创新，而一次大的思想解放和理论创新，总是带来社会大变革、大发展，所以理论创新是一个时代的产物。一个国家、一个民族要想走在时代的前列，就不能在理论创新的道路上停滞不前。

理论创新的本质是一个坚持解放思想、实事求是、大胆探索的过程。实践没有止境，理论创新不是脱离客观实际和科学发展规律的主观妄想，也不是一时心血来潮的随意猜测，更不是哗众取宠的标新立异，而是使我们的思想认识及时地适应实践的发展，摆脱陈旧观念的束缚。理论创新实践是使主体与客体、理论与实践达到统一的过程。它要求人类不断地总结实践的新经验，探索实践的新领域，形成新的认识和新的观点。理论创新还是一个不断扬弃、发展和充实的过程，它要在前人研究成果的基础上有所发现，有所发明，有所纠正，有所前进。因此，它要以长期的思想材料积累为基础，以艰苦的思索为前提。

理论创新分为两个方面：一是自然科学、社会科学的理论创新；二是思想方法、世界观的理论形态上的创新。我们的讨论将涉及这两个方面。

理论创新的重要任务是：对当代世界关系全局性的政治、经济、科学技术、制度、文化教育等许多重大问题，给予理论上的阐释和提供令人信服的理由，立足现实，总结过去，着眼未来，研究新情况，提出新问题，得出新结论。

理论创新主要表现为新理论的创立、对原有理论的新发展、新突破和新应用，根据其主要表现，理论创新一般有四种形式：

1. 创立新的理论。这种理论创新称为原（首）创性的理论创新。

2. 对已有的理论进行创造性的丰富和发展。这包含四个方面的内容：（1）这种理论创新是对前人提出的但未得到充分论证；（2）或未形成系统的理论问题作更深入的研究，提出新论据，加以证实而构建成新的理论；（3）或在前人研究的基本正确的基础上，加以修正、填补，摒弃某些陈旧的部分，创立新的理论；（4）站在时代的高度，利用已有的理论研究当代一些重大问题，从而使原有理论具有当代意义，使之日臻丰富和完善。

3. 恢复原有理论的本来面目。由于各种复杂的社会历史背景等原因，对当时本来是正确的新理论加以否定、批判，把创立的新理论扼杀于襁褓之中。例如，由于当时宗教信仰等方面的时代背景和科学技术的落后，托勒密"地心说"的错误学说在欧洲延续了1000多年。1543年哥白尼的"日心说"《天体运行论》科学著作出版，消除了"地心说"在欧洲的恶劣影响，使自然科学从神学的奴役下解放出来，为近代科学的发展指明了一条道路。

4. 重新阐释前人提出的某些理论。由于历史条件的不同，已有的理论会重新显示出其现实意义。

由上可知，理论创新在人类发展中起着关键性的作用，在自然科学和社会科学领域，理论的每一次重大突破和创新，都会在社会进步的历史进程中写下辉煌的一页。

（二）理论创新的作用与意义

理论创新在社会发展和科技进步中有着非常重要的作用与意义。实践基础上的理论创新是社会发展的动力源，是变革的先导。

理论创新的实现，能推动人类认识真理的历史进程，能转化成广大群众改造世界的物质力量，能为观念创新等其他各种创新提供理论基础。

理论创新的作用与意义如下：

1. 推进人类认识真理的历史进程。从古代到今天直至未来，人类不断探索和追求真理，无止境地开辟认识和发现真理的历史道路。事实证明，在不同的历史时代，人类对真理的探求都会取得总体上的重大突破。伴随着科学技术的发展，不同时期及其不同阶段的理论创新也都在探索着自然界、社会历史和人本身的真谛，并在揭示本质和把握规律方面不断实现由不知到知、由知之不多到知之甚多、由片面到全面、由肤浅到深刻的飞跃，历史地推进了人类认识真理的进程。同时，每一次理论创新都是对模糊的、过时的和错误的思想认识的否定、修正与超越。例如，公元 2 世纪希腊天文学家托勒密提出"地心说"理论，他经过推演和论证后说，地球是上帝造的，地球静止地处于宇宙中心，日、月、行星和恒星都环绕地球运转。地球上的人、牲畜、江河等也都是上帝造的。"地心说"在欧洲统治了 1000 多年。随着历史的发展和科学实践的发展，哥白尼经过长期观察、测量、计算和科学推理后指出，太阳位于宇宙的中心，包括地球在内的其他行星都是绕着太阳转动。于是被称为近代自然科学的独立宣言——"日心地动说"宣布诞生，"日心地动说"理论的诞生在当年导致了天翻地覆的革命性变革。之后，人类又认识并证实，"日心地动说"也不正确，太阳系只是浩茫的宇宙中的一个体系而已。

2. 转化成人民群众改造世界的物质力量。每一历史时代及其不同阶段上的理论创新在为人类探索真理的认识活动添砖加瓦的同时，也在不同程度上实现着不同主体的价值理想。一般来说，对客观规律的认识越深刻，对主体利益的反映越广泛，创新的思想理论就愈能普遍地为领导者、科技工作者和广大民众所掌握和接受，变革现实世界的物质力量也愈强大。

爱因斯坦是 20 世纪顶尖科学家之一，其荣誉来自他创建的相对论。相对论包括狭义相对论和广义相对论。狭义相对论是在光学与电动力学实验与经典物理学理论中和量子力学一起，构成了现代物理学的两大基础理论，它不但可以诠释经典物理学所能解释的全部现象，而且还可以解释一些经典物理学所不能解释的物理现象。狭义相对论还在相对论量子力学、量子场论、粒子物理学、天文学、天体物理学、相对论热力学和相对论统计学等领域中获得成功的应用。

爱因斯坦对狭义相对论并不满意，1916 年后又发表了广义相对论。它是研究物质在时间、空间中怎样进行引力相互作用的理论，用于研究在水星近日点的运动。光谱线的引力红移，雷达回波的延迟，引力波的观测，双星的观测，宇宙膨胀的哈勃定律，黑洞的发现，中子星的发现，两个天体自转时互相有引力等的证实，都使广义相对论越来越让人信服。广义相对论和狭义相对论理论的成就，已转化成巨大的物质力量。德国物理学家马克斯·波恩称爱因斯坦的相对论是人类关于大自然思想最伟大的成就，是哲学的深度、物理学的直观和数学的技巧的最惊人的结合。没有相对论就没有现代物理学。

二、观念创新

观念是人的思维方式中非常重要并相对稳定的因素，一种观念一旦形成后就会对人的实践活动起着指导和制约的作用。所以人们在各种创新活动中往往要受到已有观念的影响和制约。所谓观念创新是在创新活动中，有利于创新目标实现的观念转变，也就是人们日常所说的转变观念或更新观念。相对于实际的创新活动来说，观念创新往往导致事半功倍的效果。

观念创新需要创新者具有较高的素质和能力。为了推动观念创新：①必须提高人们的思想素质和文化素质。较高的思想素质、文化素质和专业知识是观念创新的基础和前提。②大力普及创新的有关知识。有关创新知识是人类智慧和生活经验的产物，包括如何发现观念创新机会、创新思维模式、创新风险、创新管理等。掌握这些知识能够提高观念创新的主动性、自觉性和积极性。③提供良好的创新环境。在一个团结和睦、易于交流的团体中，各成员之间观念的相互启发、碰撞，更容易导致新观念的产生，观念创新就更容易经常发生。

三、知识创新

（一）知识创新在知识经济中的作用

1. 知识创新是知识经济的核心内容

知识经济的发展主要依赖于知识创新，知识经济的产生就是知识创新的结晶。尽管知识经济的发展形式千差万别，研究领域各不相同，成果价值有大有小，但它们都有着一个共同的特征，这就是知识创新。从某种意义上讲，如果没有知识创新，就没有今天的知识经济，更没有知识经济的未来发展。在当今知识经济发展中，谁拥有知识创新能力，谁就拥有知识经济的发展优势，也就可以使企业变劣势为优势。

2. 知识创新是知识经济快速发展的必然要求

知识经济的迅猛发展使得科学技术发展日新月异，知识更新速度日益加快，新的矛盾不断产生，新的探索不断开拓，新的成果不断涌现，其速度之快，已构成对现有各个领域的严峻挑战。据资料显示，20世纪80年代发展起来的工业新技术，已有30%过时，在电子技术领域，这一比率高达 50％。作为知识经济牵引力的信息技术，其作用越来越神奇。如一张光盘可存放一部大百科全书。现在的多媒体技术把计算机、电视机、电话、电传机等综合起来，电脑可以瞬间把图像、文字传送出去。由于全球电脑网络的形成，使技术和产品的生命周期缩短，产品可以通过网络在瞬间通达全球，从而使产品一上市就立即面临更新，产品在市场空间上的占有转化为时间上的超前。现在已开始通过信息网络进行学习、交流、教育、管理、贸易，越来越多的信息进入内部互联网和国际互联网。因此，可以说知识经济的快速发展，是知识不断创新的结果。

3. 知识经济的发展为知识创新开辟了广阔的空间

知识经济的快速发展，使人们在知识海洋中的活动视野越来越广阔，活动的舞台越来越大，获得的信息越来越多，这有利于人们突破地区、行业、民族以及国家的界限，在广阔的空间更能展现聪明才智、扩大视野，更能增长才干，发挥创新能力。随着知识经济的不断发展，人们有着越来越多的创新机会，使知识创新不断在高水平上与知识经济发展相辅相成，相得益彰，从而使经济力与创新力得到蓬勃发展。我们必须抓住这个有利时机，建立知识创新机制，增强民族的创新意识，提高国家的创新能力。

（二）知识创新的含义和特征

1. 知识创新的含义和目的

知识创新是指通过科学研究，包括基础研究和应用研究，获得新的基础科学和技术科学知识的过程。具体来说，知识创新就是新思想的产生、演化、交流并应用到产品（服务）中去的过程。知识创新的目的是追求新发现、探索新规律、创立新学说、创造新方法、积累新知识，从而达到创造知识高附加值、谋取企业竞争优势地位的目标。

2. 知识创新的特征

（1）知识创新的形成不是价值链，而是创新的价值体系

价值链的思想是线性的、静态的，但在实际生产、工作和生活中，创新有许多起因和知识来源，也可能在研究、开发、市场化和扩散等任何阶段发生。创新是许多参与者之间一系列复杂的、综合的相互联系和相互作用的结果，是一个复杂的系统过程。创新价值体系是综合的、动态的，展现了成功创新所需要的各种内在联系。

（2）知识创新依靠网络化的组织结构

网络化组织结构鼓励创新过程中的知识在合伙商、用户、供应商、科研院校、其他股东及竞争对手之间流动。知识网络在当今社会已变得越来越重要。

（3）知识创新充分发挥了合作的优势

知识创新更加注重合作性战略，合作性战略鼓励通过共同合作关系建立共享利益环境。知识增长了，生产领域扩大了，可供用户需要的新产品增加了，市场利润总额增加了，

蛋糕也会变得更大，每个企业获得的利润都会增加。合作能促进科技知识的流动，为创新提供更多的机会和信息来源。

（4）知识创新以用户成功为原则

知识创新既要满足用户当前的需要，更要重视用户未来的需求，并努力赢得未来的成功。用户创新或联合用户共同创新是获取经济财富的一个新来源，因而企业必须十分重视对用户成功的关注，未来业务的增长也依赖于这方面潜在的需求和未来的市场开发。

（5）知识创新不同于知识管理

知识管理基于"知识共享"。当今许多具有前瞻性的企业，它们在创新过程中强调知识的地位和作用，这是企业未来成功的关键。

据资料显示，知识管理可以带给企业每年 5%～10% 的经济增长，而知识创新可使企业每年获得 10 倍甚至 100 倍的收益。因此，我们必须将有效的知识管理与知识创新有机地结合起来。

（6）知识创新以成果应用为目标

知识创新本身不等同于经济的发展，只有将知识创新所形成的科学技术方面的创新成果迅速地转化为现实生产力，才能带动经济的发展。这里的关键在于知识信息的创造、加工、传播和应用各个环节之间的有机结合，缩短从知识创新到应用的周期，提高科技成果的转化率。世界知识经济发展的现实表明，知识创新的转化率越来越快，从创新到应用的周期越来越短。例如，晶体管从发明到商业化的过程用了近 10 年的时间，集成电路用了 8 年，第一代微处理器用了 5 年，64K 芯片用了 3 年，256K 芯片用了 2 年，而 0.6 微米芯片和大量生产的 0.35 微米芯片所用的时间更短。

众所周知，只有当知识创新的成果最终落实到生产领域，实现产品升级换代的时候，才能起到带动经济发展的作用。例如，微电子科学的创新带来了微处理器的更新，从而引来了新一代计算机的生产。这种新的产品启动了新的市场需求，而这种需求又为企业的发展提供了必要条件。由于生产新产品的企业迅速发展壮大起来，形成了新的生产基地，从而推动了整个产业的发展。

（三）知识创新的类型

对于知识创新，我们可以从不同的角度进行考察，按照不同的标准划分知识创新的类型。

1. 从创新知识的类型划分

从创新知识的类型角度考察知识创新，可分为技术知识创新、市场知识创新和管理知识创新等。

（1）技术知识创新

技术知识创新常被认为是企业产生新的或改进产品、生产工艺和服务方式的过程，以及新的和改进的产品、工艺和服务在整个经济中的商业化扩散过程。技术知识创新又可细分为产品知识创新和工艺知识创新：产品知识创新是指关于推向市场的新产品的知识创新，是面向用户、消费者的创新，工艺知识创新是指对产品的加工过程、工艺路线、设备等技术知识所进行的创新。

（2）市场知识创新

市场知识创新是指为达到开辟新市场的目的而进行的知识创新。如寻找新用户、发现产品新用途、重新细分市场等的知识创新。

营销应强调市场的创造，而不是市场的分享。美国杜邦公司的尼龙产品是市场知识创新比较成功的典范。大家知道，尼龙一开始是用来制造降落伞的合成纤维，然后是用作妇女丝袜的纤维，接着又成为男女衬衣的主要原料和用于制作其他布料，再后来又用于制造汽车轮胎、沙发椅套和地毯等。每种新用途都使新产品进入一个新的生命周期，创造了一种新的市场机会。

（3）管理知识创新

管理知识创新是指创造一种新的更有效的资源整合模式的知识创新。管理知识创新主要包括：

①提出一种新经营思路并加以有效实施。新经营思路对所有企业而言都是新的、可行的，这便是管理知识的一种创新。

②创设一个新的组织机构等使之有效运转。组织机构是企业管理活动及其他活动的支撑体系，一个组织机构的设计必须使之有效运转，才是一种知识创新。

③提出一个新的管理方式方法。一个新的管理方式方法必须能提高生产效率，或使人际关系协调，或能更好地激励员工等，这些都将有助于企业资源的有效整合以达到企业既定的目标。

④设计一种新的管理模式。管理模式是指企业总体资源有效配置实施的范式，这么一个范式如果对所有企业的综合管理而言是新的，则自然是一种创新。

⑤进行一项制度创新。管理制度是企业资源整合行为的规范，既是企业行为的规范，也是员工行为的规范。制度变革会给企业行为带来变化，进而有助于资源有效整合，使企业更上一层楼。

因而新制度的设计也是管理知识创新的重要内容。

2. 从创新所取得的成就划分

它可以把知识创新划分为突破型知识创新、应用型知识创新和渐进型知识创新三种。

（1）突破型知识创新具有如下特征：

①它打破了以前产业对新知识的结构性控制与支配。

②设计概念的持久性。这种知识创新所产生的设计概念将在产业未来很长时间内占主导地位。如 IBM 公司个人计算机和斯隆率先推出的事业部制。

③具有科学的作用。虽然科学突破的创新是支撑主导设计的基础，但主导设计本身并不是科学所激发的，它是知识与市场需要巧妙结合的产物。

如果没有突破型知识创新，也就没有应用型知识创新和渐进型知识创新，因此每一项重大的突破型知识创新，都会先后在不同的地域里引起一系列相应的应用型知识创新和渐进型知识创新。

对于企业来说，进行突破型知识创新，可以开辟新的市场领域，提高企业的市场竞争能力，从而获取高额利润。尤其对于在市场中居于领先地位的企业来说，要想一直保持自己的领先地位，必须不断地进行突破型知识创新。如法国勒努瓦发动机公司于 1860年推出的发动机，德国西门子公司于 1867 年推出的发电机；美国 RCA 公司于 1953 年推出的彩色电视机，美国阿尔贡国家实验室于 1954 年推出的遥控器，英国皮尔顿公司于1958 年推出的浮法玻璃，荷兰菲利浦公司于 1970 年推出的盒式录音机，美国英特尔公司于 1971 年推出的微处理机，等等，都是突破型知识创新的典范。

（2）应用型知识创新

应用型知识创新是指将新成果深度开发与应用，以及把知识成果横向地转移或派生的知识创新。应用型知识创新的技术风险较小，值得重视的是它的市场风险。一般来说，应用型知识创新是为原有产品或技术找到一种新的商业化用途，即使向市场推出一种全新产品，也往往是创新者将对已有的技术、管理进行改良，因而创新者承担的创新成本和风险都比较小，而获得的收益却比较多。渐进型知识创新与其他类型知识创新相比，更多地受经济因素所驱动，其效果往往能持续较长的时期。

第四节　创新环境

一、社会环境

人影响社会环境，社会环境也影响人，在人与社会环境的相互作用下，使人产生这样或那样的行为。对人的创新行为来说，一个人创造性的发挥，既有赖于主观因素（内在条件），又与其所处的社会环境（外在条件）有着密切的关系。这就像庄稼的生长一样，有了良好的品种，还要有一定的环境条件，如适宜的温度、必要的水分、肥料、良好的土壤、光照和培育等等。这些都是庄稼苗壮成长不可缺少的条件和环境。良好的"环境""气候"条件，对创新活动来说是十分重要的。环境可分为"大环境"与"小环境"，气候也有"大气候"与"小气候"之分。我们把"大环境""大气候"比喻为一个国家或地区的宏观社会环境。

社会生产是人类创造物质财富的过程，是人类生存和社会发展的基础。社会生产包括生产力和生产关系两个方面，它直接影响着人的创造性。

生产力和生产关系的协调发展水平制约着人们创新水平。科技是第一生产力，人们的科技创新不能脱离前人和他人创新的基础。三国时期诸葛亮能造"木牛流马"，但不能制造汽车。在人类历史上曾多次有过创新人才"成群地出现"的现象。这种现象都出现在生产关系迅速变化或调整的时期。14、15世纪，欧洲工场手工业商品经济的发展，资本主义生产关系的形成，正是在天文、物理、数学、哲学、文学、艺术等领域里有了诞生像哥白尼、伽利略、笛卡尔、莎士比亚、达·芬奇等"巨人"的温床。

反之，腐朽、落后的社会制度，会造成生产力发展缓慢，生产关系停滞不前，对全社会成员实行精神禁锢、思想管制，不许"乱说乱动"，不许标新立异，这样就必然压抑、摧残人才的成长。最典型的例子莫过于中世纪的欧洲，实行"政教合一"，宗教教会统治力量特别强大。天主教会是拥有大量土地的封建主和政治上的统治者和文化上的垄断者，它控制着整个西欧中世纪的精神生活。人们的思想、言论、举止，稍有与宗教信条不符者，便被斥为异端，轻则施以酷刑、苦役，重则被送上断头台。在这种宗教神学的精神统治下，人们的聪明才智受到极大的压抑，创新精神和创新能力被摧残殆尽。

总之，人要成长，需要有一个有利于他成长的社会环境。人要创新，更需要有一个有利于他创新的社会环境。

二、文化环境与学术环境

文化环境与学术环境，实际上也都属于社会环境。或者说，它们都是社会环境中的一个子环境。我们把文化环境和学术环境单独地提出来讨论，是因为它们对创新能力具有特殊的意义。

（一）文化环境

1. 创新受文化环境的制约

文化环境与创新能力的关系非常密切，因为文化环境制约着人们创新能力的形成和发展。这种制约作用是通过教育来实现的。

一般来说，文化环境对教育的制约，主要表现在：

（1）在确定教育目标或人才培养目标时，文化环境制约着人们的价值取向。

（2）在选择教育教学内容、方式、方法时，文化环境也制约着人们的价值取向。因此，一方面，一定社会特有的文化传统，如道德观念、风俗习惯、思维方式等渗透在人们生活的各个方面，强烈地制约着人们对子女的养育内容和方式；另一方面，这种教育内容和方式又使传统文化在下一代身上得以再生。在这里，民族文化传统的继承与年轻一代的社会文化是统一的。这种统一，使后代人对前人所创立的社会文化具有巨大的适应力，从而保证了一种社会文化形态具有相对的独立性和稳定性。

2. 文化环境与文化传统

文化学学者认为，在文化环境对人所具有的功能中，认知功能和规范功能对人的创新能力的形成和发展影响较大。因此，我们重点讨论这两种功能。

文化认知功能是指通过文化的延续传播，人类得以将有关知识一代又一代传递下去，并不断充实这一宝库，增强认识和改造客观世界的能力。人类知识技能和道德伦理等的继承、传递和发展都必须通过教育。不借助教育这一手段，上一代的文化遗产就无法继承，更谈不上发展。文化规范功能是指在社会群体里，为了共同生存和发展的需要，其成员在生活实践中，形成一种共识，共同遵守某些行为准则和道德标准，共同趋向某种价值观，形成一定的社会规范。它通过规章制度、社会舆论表现出来，并渗透在大众的风俗习惯、情感倾向和理想信念之中。

无论我们是否意识到，但文化直接或间接地作用于创新者这是不容争议的。历史告诉我们，积极的文化观念对创新能力的发展起着推波助澜的作用，而消极的文化观念则会严重阻碍创新精神和创新能力的形成与发展。例如，处于文化上升和繁荣的意大利文艺复兴时期、美国大革命时期、中国的大唐时期和改革开放后就是创造力勃发的时期，是人才辈出的时期。相反，欧洲中世纪是宗教扼杀文化自由的时期，也就是创造力火花被熄灭的最黑暗的时期。

一个国家、一个民族或一个地区世代沿袭下来的具有悠久历史的文化特质或文化模式，就构成了"文化传统"。文化传统具有巨大的惯性和社会裹挟力；具有相对稳定性和独特性等重要特征。

（二）学术环境

学术环境对社会发展和人的发展起着非常重要的作用。

学术环境对社会发展的作用体现在：

1. 在社会平稳发展时期，良好的学术环境是社会繁荣的必要条件之一；

2. 在社会转型变革时期，良好的学术环境是促使社会变革向健康方向发展的必要条件之一。

在学术界，除生活环境和工作环境外，学者更关注学术环境。因为学术环境对学者个人的学术发展是至关重要的。历史证明，人文社会科学学者相对于自然科学家和工程专家而言，对学术环境的依赖性更强。他们更容易接受良好学术环境的"恩惠"，也更容易遭受不良学术环境的伤害。因而，他们比自然科学家和工程专家更渴望、更追求良好的学术环境。

（三）团体、家庭环境

前面把"大环境""大气候"比喻为一个国家或地区的宏观社会环境。这里我们把"小环境""小气候"比喻为一个团体（包括一个科研院所、一个工矿企业、一所院校等、或一个家庭）的微观社会环境。在通常情况下，"小环境""小气候"对创新活动的影响，与"大环境""大气候"相比有着更加直接的影响。

1. 团体（队）环境

经常见到这种情况：一个很有创新才能的人，在甲单位不被重视，用非所长，使他感到有劲没处使，创造性得不到发挥。而到了乙单位，由于单位、领导尊重知识，尊重人才，善于发现人才，善于使用人才，使他的专长和才能得到充分发挥。这类常见的情况足以说明，"小环境""小气候"，对发挥职工的积极性、主动性和创造性是何等重要。

如何创造和形成一个能激发职工创造性的良好的微观社会环境，这是一个十分重要的研究课题。目前，此问题已引起国际的关注和重视，其研究极为活跃。

由于现代科学技术不断分化和综合，出现了整体化的趋势，科技创新越来越依靠创造性团体（集体）的力量来实现。科学发现，技术发明已很少是个别研究者创造性工作的结果。同样，在企业的生产、经营、管理中，由于生产社会化程度的不断提高，企业与外部的联系越来越广泛、复杂，对企业的创新、应变能力的要求越来越高，这时要办好一个企业，就需要富有开拓和创新精神的领导和职工队伍。可见，不论是科研院所，大专院校还是工矿企业，为了开拓新的局面，都需要创造性地进行工作。要做到这一点，首先就需要有一个健全的创新集体和良好的创新环境。在这种条件下，职工的积极性、主动性和创造性就会像火山一样地迸发出来。反之，一个"领导气候"不良，墨守成规，妒贤嫉能，求全责备，缺乏生气的集体里，不仅创造性会受到扼杀，主动性会受到压抑，职工的积极性也会受到挫伤。

那么，怎样才能形成一个有利于开发职工的创新能力，能充分发挥创造性的微观社会环境呢？这里涉及的问题很多，下面我们重点讨论一个团体的领导在创新活动中的责任与作用这一关键性问题。

在一个团体中，影响职工积极性、主动性、创造性的因素很多，如领导行为、工作条件、组织结构、规章制度、工资待遇、奖惩办法、管理方式等。在影响创新活动的这些因素中，领导行为乃是一个关键性的因素。因为不同的领导行为，会造成集体的不同社会气氛、人际关系和心理影响。而领导行为正是决定职工的行为表现、积极性高低的直接而重要的条件。

所谓领导，就是组织赋予领导者的职务，即权力的象征。随着人际关系学说影响的扩大和行为科学的问世，关于"领导"的观念又有了新的变化，"领导"不仅是一种权力，也是一种影响力。领导者有了法定的权力，才能在他的职责范围内进行决策、指挥和人事安排，借以推进他所负责的工作。领导者的影响力，就是人们常说的威信，它是建立在群众对领导者崇敬、信服、钦佩的基础之上，是非权力性、非强制性和非自封性，它源于领导者自身良好的品德、才能和知识等因素，以及领导者与被领导者之间的深厚情感。

领导者要想充分发挥领导作用，就要依靠他的地位权力和个人影响力。但要看到，地位、权力只为领导者提供实现有效领导的可能性，即提供必要的客观条件，而要将这种可能性转化为现实，则主要依靠领导者的个人影响力。一个领导者如果认为有了权就有了一切，缺乏良好的个人影响力，光凭自己的地位、权力去推进工作，那他总是会企图以权压人，以势压人，任人唯亲，走后门，拉裙带，封官许愿，买官卖官，搞小集团主义，在政府、科技等要害部门安插自己的子女、亲戚和亲信。否定前人和他人的成就，到处为自己树碑立传，群众敢怒而不敢言。至今，这种现象仍时有发生。

有些领导者，口头上反对这些，行动上却与之相反。其结果，势必落到众叛亲离、威信扫地、孤家寡人的境地。权威必须建立在威信的基础上，它是一种令人信服而自愿接受的影响力。有人说得好："推动帆船前进的不是帆，而是看不见的风。"

领导者的影响力是以身作则，以自身的行为做出好的表率，才能在群众中赢得崇高的威信。要开发一个团体、一个企业、一个部门职工的创造力，顺利地开展创新活动，首先就要求他的领导者是富有创新精神的创新者，并有较高的决策、管理、组织能力。事实证明，这样的领导者：①会百般珍惜群众的创造性，支持、扶植、鼓励群众的创造性；②为了推行自己的创造性设想，为了开拓新局面，必然需要寻求和依靠有创造性的下级和群众的支持，把群众的创新才能视为推进创新活动的保证；③真正懂得开拓与创新主要取决于人，因而总是把那些有思想、有见解、不盲从、爱独立思考、有创新才能的人看成最宝贵的财富，珍惜他们的力量，重视他们的意见，甚至能从一些人的"牢骚"中找出建设性的东西，不会因为某个有创造性的人的偏激，"不顾领导尊严"，不那么"驯服"，而求全责备；④他们善于吸引和保住有才能的人，工作中总是商量着办事，善于鼓励别人，帮助下级充分发挥他们的潜力，善于将组织内所有成员的才能有效地联结成整体。

行为科学中有一种叫作"管理方格理论"的领导理论提出，一个有效的领导者应该是既关心任务（工作），又关心人（职工）的领导者，他在工作上严格要求，一丝不苟，他对职工体贴关怀，满腔热情。在创新活动中，更需要有这样的领导者。

2. 家庭环境

家庭既是一种最基本的社会组织形态，又是一种最基本的教育社会组织形态，是社会的细胞。从社会学角度来看，一个家庭构成一个"家庭教育组织"，从教育学角度来考察，家庭对于儿童构成一种"家庭教育环境"。家庭是人进入人生的第一所学校，父母是第一次见面的老师，人从出生到大学毕业有相当多的时间生活在家庭里。所以家庭教育环境对于儿童的健康成长，对于儿童创新能力的形成与发展，所发挥与所能发挥的作用，并不亚于学校教育环境。

（1）家庭教育组织的性质。一个家庭构成一个是以血缘关系为纽带的"家庭教育组织"，为适应社会生产、生活对子女的教育要求而结合起来的社会教育系统。家庭的各种结构因素——家庭成员、家庭资源、家庭文化等——都具有家庭教育组织因素的特征和教育功能。

父母是家庭教育组织的主要成员。父母的人格特征、职业类型和文化水平都直接影响着子女的健康成长。

家庭资源包括人力、物力和财力资源，这些资源决定着父母的个性特征、生活方式和智能结构；决定着家庭经济收入，从而影响着家庭的生活条件、方式、内容和水平；决定着家庭与社会交往的对象和范围。所有这些从根本上决定着子女的成长。

家庭文化是家庭教育组织的重要组成部分，也是重要的家庭教育因素。父母的价值选择与追求，往往会成为子女的理想取向和目标；父母对事物的认识、观察方式、观点和态度，会慢慢地传递和影响着子女；父母的文化情趣和品位，会使子女受到感染。高雅的家庭文化能给子女健康良好的艺术熏陶和行为引导。反之，就容易使子女染上不良的生活习气，甚至误入歧途。

（2）家庭教育组织的特征。家庭教育组织有基础性、关键性、生活性和全面性等许多特征。

第一，基础性。家庭教育是对婴幼儿、少年及青年进行基本品行素质的培育，它直接关联着乃至决定着子女现时以至一生的人格发展优化的潜力和前途，是人类个体素质发展的奠基性工程。

第二，关键性。如果说，个性或者人的素质还能在后天加以塑造、重构和优化的话，那么，最有效的方式和最佳时期就是婴幼儿、少年及青年时期家庭教育的培育。

第三，生活性。家庭教育是在真实的家庭生活情景中进行的，子女作为家庭角色直接感知和体验家庭生活的信息和要求，随时内化并融合于自我素质品性之中，构成自我的有机组成部分。

第四，全面性。家庭作为一个"小社会""小环境""小气候"，其内部结构、生活内容与外部"大社会""大环境""大气候"具有较大的同构性和相似性，从而也具有全面性，影响个体的方方面面，综合地作用于每个家庭成员的人格品行。

当然，家庭教育是一种非专业化的自然生活教育，其培养目标和效果带有较强的模糊性、实用性、不稳定性和不确定性等特点。

特别是在家庭成员缺乏自觉的教育意识、责任和健全目标的情况下，家庭教育往往会流于自然放任，对子女的品行陶冶和素质优化是不利的。

（3）家庭教育环境对子女创新能力的影响。良好的家庭教育环境是培育子女创新能力的基础和重要条件。有利于创新的家庭氛围主要表现在家庭教育的方式和民主气氛等方面。

家庭教育对开发婴儿的潜能具有重大意义。许多家庭在孩子尚未出生就开始了胎教，孩子出生后就为其制订了系统的家庭教育计划。在生长发育的最初几年里，父母不仅尽可能地为孩子的成长提供一个适宜的环境和各种有利条件，以激发他们的求知欲，而且善于采取各种方法，因势利导，让孩子开始识字、写字、认数、计算、绘画、下棋和文艺等方面的启蒙教育，激发孩子的学习兴趣，并注意培养他们良好的学习习惯和行为习惯，以促进其创新能力的发展，为今后一生的发展打下良好的基础。

家庭教育的方式影响着子女创新能力的发展。家庭教育的方式有压制型、溺爱型和民主型。前两种教育方式有百害而无一利，它大多产生在独生子女家庭。民主型的家庭教育，则让子女积极参与各种事务，以激发孩子强烈的创新动机。因此，在家庭中创造一种和善、温暖、融洽和民主的气氛对孩子的创新能力发展是十分重要的。在这种家庭环境下，孩子和父母之间能够积极地进行交流，孩子就会尝试着想出新颖的主意和思维方式，父母会有意识地培养孩子的独立性，容许他们有自己的想法，做自己想做的事，使孩子的独立意识得以加强，创造性得以发展。也允许孩子犯错误、做错事，只是在此时多加以正面引导和教育。

三、创造创新的环境

创新环境的内涵及其作用与意义，在前两节中已经做了比较详细的讨论。创新环境既然如此重要。那么怎样才能创造良好的创新环境呢？一般来讲，形成良好的创新环境，一是领导者。作为领导者应把形成良好的创新环境放在工作的首位，努力营造良好的创新环境，使其下级及其职工群众的创新精神和创新能力得到充分发挥。二是职工群众。作为一名职工群众，在创新环境较差，甚至在比较恶劣的环境下，不是依靠领导者，而是依靠自己，为自己创造良好的创新环境，使自己的创新精神和创新才能得到充分发挥，这一点十分重要，这是本节重点讨论的问题。

（一）选择有利的物理环境

1983 年，日本对 821 名发明家进行了一次调查，其结果表明，他们的发明灵感产生的地点分别是在家中、工作单位和户外散步等 10 种不同的地方。可见每个人对创新环境的要求不一定相同。

但有三个条件都是必须具备的：①精力集中。创新者能在自己选择的环境下，精力集中，静心思考，并能长时间地保持注意力和思维的兴奋状态。比如，有的人喜欢在寂静的室内，有的人则喜欢一边踱步，一边思考，爱因斯坦表示他最羡慕那孤独的海湾守塔人；②随时记录。在创新者喜爱的环境下，都应当能在创新灵感产生时做好记录。因为创新灵感往往是突如其来，不期而遇，又转瞬即逝，因此及时记录是十分重要的；③选择时间。生命科学研究表明，人的体力、智力和情绪，在一天时间里，其思考能力都不一样，有的人早睡早起，往往上午脑力最好，有的人晚睡晚起，喜欢熬夜，往往晚上思路敏捷。一般来讲，每个人每天只有一个思路最敏捷的高峰期，有的人也有两个高峰期。因此，对不同的人来说，可根据自己的情况，选择最佳时间。

（二）建立良好的人际关系

国际商用机器公司董事长小汤马斯·沃森指出：世界上没有什么东西可以取代良好的人际关系及随之而来的高昂士气。要达到利润目标就必须借助优秀员工的努力工作。但是光有优秀的员工仍是不够的，不管你的员工多么了不起，如果他们对工作不感兴趣，如果他们觉得与公司隔膜重重，或者如果他们感到得不到公平对待，要使经营突飞猛进简直就难若登天。所以，建立一个使你的创新能力可以得到充分发挥的人际关系十分重要。

与他人一起工作，有时能对你的创新能力起到促进和激发作用，这时你就感到一个与同事在一起的、有刺激性的环境，通过交流能碰撞出思维的火花，激发创新灵感，或点燃创新的火焰，并不时地添加燃料。如果你在创新活动一开始就经常与大家交流意见、谈心、把你的苦闷、喜悦等都说出来，彼此坦诚相见、推心置腹，往往可以使更多的人了解和支持你的创新直到取得成功。

作为集体的一员，自己有责任激励和支持他人的创新。在开发自己的创新资源时，不应忘记那些曾给自己以支持和帮助的人。与个人的力量相比，集体的力量表现在每个成员的协调一致，共同努力完成集体的创新任务。

总之，凡有创新能力的人，不要怨天尤人，为了充分发挥自己的创新能力，自己就应当采取积极的，建设性态度，努力建立一个很好的人际关系，使自己的创新能力得以充分发挥。

（三）影响你的上级领导

有些上级领导，是工作上有板有眼、有条不紊的稳健派，他们最害怕的是创新将使本单位冒险。破坏旧规则，创立新规则会引起混乱。对怀疑或抵制创新的上级领导，最糟糕的办法是针锋相对。领导压制了你，你就怀恨报复，或言辞尖刻，愤世嫉俗，或公开或隐蔽地进行攻击，或拆他的台，挖他的墙脚，这种泄私愤的办法，问题不但得不到解决，还有可能变本加厉，对你发挥创新能力将更为不利。

心理学家研究表明，下级是完全可以去影响上级领导的，在许多情况下，争取领导的理解与支持的关键不在于你提出一个什么样的新创意，而在于你怎样提出一个新创意，诸如新创意的内容实现的可能性，可能达到的经济与社会效益等是至关重要的。

如果你能在创新设想产生之后，就采取措施吸引一部分人参加你的创新活动，对取得上级领导的支持则对创新极为有利。把一项创新作为一批人的设想，领导就不能不认真考虑谨慎对待。

这样做不仅有利于你的创新设想得以实现，而且会极大地提高你的影响力。创新的成功是渐进的、复杂的，在你的工作已影响你的上级起了作用之后，你会感到你的上级并不是你所想象的那么保守、独断专行，与创新势不两立。

创新不可能一帆风顺，而一旦有了设想，就应该逐步地脚踏实地地去实践，种子变成花朵，蝌蚪变成青蛙，构想变成行动，不仅需要时间和推力，而且更需要勇气和毅力。

（四）展示预期效果

创新设想会使你的上级领导和周围群众表示怀疑的主要原因，是不知其新设想实施的结果如何。任何一个有价值的创新设想都是可以证实的。因此，要让人信服，就必须通过论证展示其预期效果。展示的方法有：①实验效应。在推广农作物新品种时，往往要靠试验田的效果进行宣传，农民亲眼见到试验田的收成，才会相信并购买新品种。在创新设想全面实施前，可以抓住其关键部分作些试验，取得可靠的数据，以增加创新项目的说服力，推动创新项目的全面实施。②权威效应。对创新设想，人们往往相信本行业专家的评论和已有产品及其在出版物上的介绍和统计数据，创新者可以引用他们的观点，请专家对你的创新设想进行评价。总之，通过展示预期效果，一个有价值的创新设想，你的上级领导很有可能由怀疑转向赞同，由反对转向支持。

（五）把荣誉归大家

在许多情况下，如果自己过于看重荣誉将会给自己招来对立者。如果把荣誉摆在恰当的位置，他将无所不能。创新者如何正确地对待荣誉呢？①不要突出个人。减少创新阻力的最简单、最有效的办法是把"我"改用"我们"。在创新设想过程中，积极谋求上级和群众的支持与合作，在创新项目实现后，把荣誉合理地归于大家。②谋求共同利益。

追求利润是企业和单位的宗旨，凡创新项目有助于增加集体利润和节约资金时，对上级领导和群众最有吸引力。

让他们了解创新设想可以带来经济效益和社会效益，创新设想的实施与实现就没有人为的障碍了。

把荣誉归大家决不能以完全牺牲个人利益为代价，创新者必须保护自己的合法权利，对自己的发明创新成果应及时地申报专利，以成为合法的发明人，依法保护自己的权益。

人与环境的关系是对立统一的辩证关系。人（创新者）受环境的制约，但环境又是人营造的。虽然人的创新精神和创新能力的发展受环境的影响，但人又能依靠自己的创新精神和创新能力来主动地改造环境，让环境朝着有利于人的创新，尤其是有利于人的创新精神和创新能力的形成、成长的方向发展。

总之，我们不能只在环境好、条件好的情况下能创造、创新，而要想办法在环境不好、条件差的环境下，克服困难，冲破阻力，创造创新的环境，这样创造创新的成果，将显得更为可贵。

第五节　创新教育

一、创新教育的产生及其发展

古希腊传统教育的目的，其核心是如何发展人的智力。这种教育观的理论基础是心灵与身体彼此独立的二元论。而信仰这种理论的人又认为心灵高于身体。心灵可经教育而不是训练，去增长睿智、获取理性。凭借睿智和理性就可以认识无变化的自然秩序和永恒的法则。因此，这种教育观认为教育是发展人的睿智和理性的唯一途径。

美国学者加罗里迈克认为，任何单一性的教育目的，在理论上都无法自圆其说，因为自从人类进入近代尤其是当代社会，教育都不可避免地受国际形势、政治、经济、科学技术、文化艺术等多种因素的影响。这些影响导致了教育目的的多元性。在教育实践中，形形色色的教育门类，包括政治、经济、军事、科技、社会、文艺和家庭教育等，不断出现，就是教育目的多元性的具体表现。作为新兴学科的创新教育，也是在这种形势下开始产生。

二、创新教育、传统教育、素质教育

（一）创新教育与传统教育的区别

创新教育与传统教育的主要区别有：①传统教育注重"填鸭式"教学，让学生被动地接受知识，强调学生储存、积累知识和信息的能力。创新教育注重使学生主动获取知识，强调学生提取、加工信息的能力；②传统教育给学生以现成的、唯一的标准答案，着重学生收敛思维的培养，学生仅满足于记住现有结论。创新教育提倡学生探索众多的设想方案，需要学生进行选择与决策，着重学生发散思维的训练，培养学生不迷信书本、权威，敢于突破现有的结论，探索新的学科领域；③传统教育强调教学的统一性（统一的教学计划、教学大纲和教材），学科单一，行业性强，培养的学生是统一"型号"的人才，限制了拔尖人才的发展。创新教育强调学生的差异性，强调因材施教，注重拔尖人才的培养。④传统教育强调学生对社会的适应能力，强调模仿与接承，培养"应试型""知识型"人才。创新教育注重学生对未来社会的应变能力，强调开拓、创新和发展，培养"创新型"和"能力型"的高素质人才。

（二）创新教育与素质教育的关系

所谓素质教育是指培养学生的综合素质，它包括政治思想、人文道德、科学、心理、创新、技能和体能等方面的素质。可见创新是综合素质的一部分，创新教育蕴含在素质教育之中。

二、创新教育的任务与内容

（一）创新教育的任务

创新教育是以人为本，以人为对象、以为人民服务为宗旨的教育实践活动。其任务是通过创新教育，采取科学的、艺术的教育方法和手段，使学生获得必要的知识积累和合理的知识结构；塑造学生的创新人格；开发学生的创新潜能；培养学生的创新意识、创新能力、学习能力和实践能力；启迪学生的创新思维方法；掌握创新技法的各种不同类型、不同层次的创新人才。

（二）创新教育的内容

创新教育的主要内容包括：人格教育、荣辱观教育、发现教育、发明教育、创新教育、信息教育、兴趣教育、艺术教育、情感智力教育、创业教育和未来教育等十多个主要方面。

1. 人格教育

人格教育的目的是培养学生健全完整的人格。创新人格是指人的整体精神面貌，包括人生观、价值观、世界观，理想、信念、意志、欲望、热情、进取心和勇敢无畏的精神，等等。所以，创新人格是人的创新能力发展和创新任务完成的促进与保证。一个人格健全的学生，所思、所言、所做能协调一致，并以积极正确的人生观、价值观和世界观为中心，把自己的理想、信念、兴趣、目标等与行为统一起来。爱因斯坦说过："一个人智力上的成就很大程度上取决于人格的伟大，这一点往往超出人们通常的认识。"积极进取、奋发向上、百折不挠、克服困难的精神，勇于实践、勤学好问、谦虚诚实的个性品质，远大的理想和脚踏实地的敬业精神都有助于创造潜能的开发。实践证明，进行人格教育，其核心要注重教育学生树立正确的人生观、价值观和世界观。

据报道，截至 2006 年，美国共有 284 位诺贝尔奖获得者。美国人口占世界人口总数的比例不到 5％，获诺贝尔奖的人数却占全球获奖人数的 70％以上，为什么？是他们的教育更加注重创新人格教育。

歌德说："你若喜爱自己的价值，你就得给世界创造价值。"日本物理学诺贝尔奖获得者汤川秀树说："人存在的意义在于创造。"

应当让学生知道，发明创造的目的不仅在于赢得名誉和财富，重要的是展示人生的价值，是为人类造福。这是一种最崇高的生活动机。当然，发明创造的成功者在受人敬重的同时，也可得到名誉、财富或者地位，那是给创造者的劳动报酬。

2. 发现教育

科学发现是指揭示前人没有觉察到的客观世界存在的事物、现象和规律，是探索未知，是人类创新活动的重要组成部分，是科学知识积累和增加的手段。

发现教育的目的是培养学生积极探索求知的精神，这就需要培养学生强烈的好奇心、旺盛的求知欲、敏锐的洞察力和顽强的毅力，把探索科学的奥秘作为终身的追求。有的科学发现需要十多年、几十年的时间，需要从观察到的大量事实中找出问题的关键所在。要让学生知道，现在世上还有许多事物的规律尚未被人们所认识，等待我们去观察、去探索、去发现。例如，宇宙从何而来？宇宙中有哪些星球曾经有过生命或现在有生命存在？生物的遗传是怎样实现的？

3. 发明教育

技术发明是利用自然科学法则，创造前所未有的人工事物的创新活动，包括新技术、新产品和新方法的发明等。它是运用科学原理去改造世界，去解决"做什么"和"怎样做"的问题。

4. 创新教育

这里所指的创新教育是创新的作用与意义。其内容包括理论创新、观念创新、知识创新、技术创新、制度创新、自主创新；创新思维方法和创新技法等。

5. 信息教育

信息是循环经济和未来知识经济时代的标志，人类经济活动正沿着"信息高速公路"迈向更发达的信息时代。为了使教育适应国际化、信息化时代，不仅发明创造必须要以信息为基础，而且学校必须系统地实施信息教育，要着重培养学生获取、整理、储存和运用信息的能力，教会学生充分利用报刊信息、信息设备、网络技术、视屏信息、专利信息和市场信息,进行分析、加工和重组,形成敏感的信息知识,使学生在信息社会中,正确地把发明创造的有用信息转化为发明创造成果。

6. 兴趣教育

兴趣教育的目的是培养学生对创新的兴趣。兴趣是人的精神对事物的喜爱和趋向,是人在探索、认识活动中产生的一种乐趣。

这种乐趣能使人们得到极大的精神满足,从而促进人的注意力高度集中,达到忘我的程度。许多科学家从小就能抓紧时间积极学习,正是因为他们对科学有着浓厚的兴趣,感受到无穷的乐趣和愉快,这是他人无法体会到的。达尔文说:"我一生主要兴趣和唯一职务就是科学工作,对于科学工作的热心使我忘却或者赶走我的不适。"居里夫人说:"科学的探讨研究,其本身就含有至美,它给人的愉快就是报酬,所以我在我的工作里面寻得了快乐。"假如一个人对科技的发明创造毫无兴趣,就必然视学习为畏途,不可能有如醉如痴、废寝忘食、战胜一切困难的精神和劲头。可见兴趣教育是十分重要的。

7. 艺术教育

公元前的希腊教育被称为"缪斯教育"。缪斯是希腊神话中文艺与科学之神,"缪斯教育"也就是科学教育与艺术教育的通称,可见那时的科学教育与艺术教育就是同时进行的。牛津和剑桥,分别诞生于 1167 年和 1209 年。在建校初期,所设学科前者为神学、法律、艺术、医学四科,后者为算术、几何、音乐、天文四科。

可见,早在中世纪,大学的艺术教育已放在相当重要的地位。

从 20 世纪 50 年代开始,世界各国对艺术教育空前重视,苏联、日本、美国等国家,大学的艺术教育十分普及,大多数大学都设有艺术系或艺术学院。他们的任务是:①培养专门的艺术人才;②对非艺术专业开设艺术类选修课,讲授基本理论知识,学会欣赏、辨别和评论艺术作品等,以提高学生的艺术修养和心理素质。

学校图书馆订有大量艺术类书刊,藏有影视录像带、光盘、音乐带及其设备供师生借用。此外,还在校内外开展各种艺术活动,如音乐会、话剧、管弦乐团,曲艺等演出,有的还在电视台播放等,通过艺术教育提高学生的综合素质。

爱因斯坦指出,光用专业知识教育人是不够的,要想成为一个全面和谐发展的人,除了具备丰富的科学知识,并能熟练地掌握自己所从事的专业外,还必须对美有所追求。

随着社会的进步和科学技术的发展,人们对艺术的追求越来越自觉、越强烈。这一点,在许多科学家那里体现得十分鲜明。在历史上,许多大科学家同时也是大艺术家。例如,哥白尼不但是一位天文学家,而且还是一位高水准的风景画家。达·芬奇不仅是大画家,而且也是大数学家、力学家。居里夫人十分爱好诗歌和文学,并喜欢欣赏舞蹈和绘画。我国著名科学家钱学森不仅爱好文艺,还从事美学与思维科学的研究。

8. 情感智力教育

（1）情感智力

情感智力 EI 这一概念是 1990 年由美国耶鲁大学塞拉维教授和新罕布尔大学梅耶教授首先提出的。1995 年美国心理学家丹尼尔·哥尔曼所著《情感智力》一书出版，把情感智力概括为 5 个方面的能力：①认识自身情感的能力。②妥善处理自我情感的能力。③自我激励能力。④认识他人情感的能力。⑤处理人际关系的能力。这种对情感智力的内涵全面系统的、精辟的概括，学者们认为是 20 世纪末重要的心理学研究的成果之一。《情感智力》一书还指出情感智力主要是指个人对自己情绪的把握与控制，对他人情绪的揣摩和驾驭，以及对人生的自我激励，面临挫折时的承受能力和人际交往技能等，这些非常重要的问题，已成为当代教育学、心理学、人才学、成功学、科学学和脑科学研究中的热门话题，可见作为创新教育内容之一的情感智力教育是十分重要的。

（2）情感智力教育的作用与意义

任何成功者都是人的智能和情感智力得到很好的发展与和谐结合的结果。在 20 世纪有人把世界上 320 名诺贝尔奖获得者所具有的共同的内在素质归纳为 6 个方面：①高瞻远瞩，善于把握时机；②选准目标，坚持不懈；③勤奋努力，注重实践；④富于幻想，大胆探索；⑤排除干扰，勇往直前；⑥兴趣浓厚，好奇心强。在这 6 方面的素质中，既可以看到他们的内在素质中既有智力因素（认知系统），也有非智力因素（动力系统），又可以看到，人的情感、意志、兴趣在人生的道路上的重要作用。从某种意义上讲，情感智力对人的成功有时起着决定性的作用。美国心理学家推孟等人曾对 1500 名超常学生进行了长达 50 年的追踪研究，在对其中的 150 名最成功者和 150 名最不成功者进行详细的分析比较之后，发现两者之间在智力发展上并没有什么大的不同，主要差别是他们之间在非智力因素上的差异。成功者在坚持力、自信心、情感和社会适应能力以及实现目标的内动力（动力因素）等方面显著优于不成功者。

9. 创业教育

创业是创新的一种特殊表现形式，创业是经济发展中最活跃的因素和最重要的动力之一，创业精神与创新精神一样，是一个国家和民族发愤图强的根本。在青年人尤其是在大学生中要鼓励创业精神，进行创业教育。

进行创业教育是广泛开展创业活动的必要条件，是创业者将潜在商业机会转变为事业的基础，联合国教科文组织曾将创业能力比喻为学习的"第三本护照"。在美国，创业教育已经有几十年的历史，创业学成为商学院和工程学院中发展最快的教学科研领域，开设了创业教育相关的课程，有的大学还设置了创业学或创业研究专业。

从高等学校在社会发展中的地位、作用来看，创业教育应该是专业教育的延伸与补充，是创新教育、素质教育的深化与发展，其目的在于培养学生的创新精神、创业意识、创业素质和创业能力。

具体来说，创业教育要通过揭示创业的客观规律和本质，使学生树立创业理念，了解市场运行机制，掌握创业的基本策略和技能。

10. 未来教育

20世纪世界各国在科学技术上取得的成就，为21世纪科学技术的发展奠定了基础和重大突破开辟了广阔的道路。因此，21世纪初，各国都纷纷调整自己的科技战略和政策，积极发展顶峰科技及其产业，这些举措汇成奔腾不息的潮流，猛烈冲击着世界各国的方方面面，将进一步改变人们的思维方式、生产方式和生活方式。

在新的世纪里，世界科技将会出现重大原创性创新突破，在信息科学、生命生物化学科学、物质材料科学、地球与环境科学、数字与系统科学、医学、宇宙科学、思维与脑科学以及自然科学与社会科学之间的交叉领域形成新的科学前沿，产生新的突破，新兴学科不断涌现。这些科技创新发展趋势将呈现以下特征：（1）科技创新成为世界规模的强大潮流。（2）知识资源成为科技创新的第一要素，传统的生产要素将进一步失去主导地位。（3）前沿科技成为世界瞩目的制高点和创新竞争的焦点。世界各国将把主攻方向瞄准到微电子—光电子—生物电子、细胞工程—基因工程—生命科学、高磁材料—超导材料—纳米材料、空间提纯—微重力成型—太空基站、航空航天技术—外星空间探测、海水淡化—海洋能源开发—深海采掘等前沿领域。（4）科技创新、转化和产业化的速度不断加快。（5）科技发展呈现出群体突破的势态，系统集成的作用日益突出。（6）国际科技交流与合作日益广泛。（7）公司并购成为重组创新能力的有效途径，风险投资成为支撑创新的金融支柱。总之，创新战略将成为引导各国发展的指针。

三、创新教育的实施

创新教育的任务是把创新教育的内容贯彻到教育实践的全过程中去，培养德智体美全面发展的创新人才，提供更好、更快、更多的发明创造成果。这是一个艰巨的任务。它不仅仅是教育工作者和学生的职责，而且也是全社会这个大学校的任务，只有动员一切力量，才能推动创新教育的实施。

传统的教育观念认为，只有学校是进行教育的场所，要受教育就得进学校，失去了进学校受教育的机会，就意味着失去了受教育的权利。随着科学的发展和新技术革命的兴起，不仅对教育工作提出了挑战，而且也引起了教育观念的变化。为发展学习型社会，推动学习型组织、企业和学习型社区建设，当前教育正在由普通教育向职业教育转变；由职业教育向终身教育转变；由学校教育向远程教育、虚拟教育转变；由集中向分散扩展，以促进学习型社会的形成。要在全社会树立全民学习、终身学习理念，鼓励人们通过多种形式和渠道进行继续教育和终身学习。也就是说人们受教育的时间延长了，学校的概念扩大了，教育的形式多样化了，学习的内容更丰富了。可见，进行创新教育的实践不应局限于学校，而是要着眼于全社会成员的学习和创新能力的开发，变人力资源强国为人才资源强国。可见，创新教育是一种大教育，根据大教育观念，它的实践主要体现在以下三个方面：

（一）发展英才教育

为了适应科学技术发展和竞争的需要，从20世纪70年代开始，英才教育作为创新教育的一项任务，在美、日、德等一些发达国家发展很快，分别创立了少数出类拔萃的青少年学校或采取其他措施对人才进行重点培养。其中以美国最为突出，哈佛大学被誉为"美国总统的摇篮"，它培养的英才包括6任美国总统、32位诺贝尔奖获得者、29名普利策奖获得者，以及为数众多的大法官、将军和内阁要员，哈佛大学可谓是美国实施创新教育培养英才的代表。日本政府建立了"英才教育研究所"，每年颁发英才奖学金进行鼓励，其目的是对尖子人才尽早实施创新教育，成为培养创新人才的一项有效措施。

（二）普及社会创新教育

1. 普及社会创新教育的范围

整个社会就是一所大学，所以社会上创新教育的范围十分宽广。从新世纪的科技发展来看，学校社会化和社会学校化将成为一种趋势，学校与社会的联系从未像今天这样密切。

学校教育担负培养创新人才，开发人的创新能力的任务，也可以说这个任务是在社会这所大学校中进行，因为从学校毕业的学生只能算半成品，要真正成为创新人才，还必须在社会这所大学的实践中继续学习和提高。此外，社会上还有一亿多各行各业的在职职工，有几亿未能受过高等教育的从业人员，他们也存在着巨大的创新潜能，也是创新教育的对象。

2. 普及社会创新教育的任务与内容

从现代大教育的观点看，社会创新教育是上述教育范围的继续教育和终身教育，其任务是通过创新教育提高普通大众的综合素质，尤其是发明创造和创新能力的素质。企业员工有了发明创造和创新能力的素质，就提高了竞争力，无论是对企业，还是对个人的持续发展都是最根本的保证。所以高度重视这个任务，千方百计地完成这个任务，是企业或个人具有现代意识的一个重要标志，否则就会在激烈的竞争中落伍。

由于社会创新教育的对象都已经有了自己的工作任务，所以对他们实施创新教育必须有较强的针对性、实用性和可操作性。其内容应重点结合典型案例讲授创新思维方法，创新技法和技巧。通过学习，激发他们的学习热情，达到提高他们的创新能力，使其学有所得，学有所用。

3.普及社会创新教育的方式。

实施社会创新教育可采用的方式有：①开办短期培训班，对学员进行分期分批的培训；②举办专题研讨班，与学员一起，结合某个技术难题或某项革新项目，共同攻关；③组织学员自学，定期进行辅导，解答学员在创新活动中遇到的问题；④选派有关人员到对口大专院校进修；⑤在有条件的地区，试办创造发明学校。

无论采用哪一种方式，都必须结合实际，讲授一些必要的创新教育的内容，在讲授时都必须联系实际，做到有针对性、实用性和可操作性，能解决科研生产中的实际问题。只有这样，才能达到在社会上普及创新教育的目的。

第六节　创新能力

一、创新能力概述

（一）创新能力的组成结构

创新能力是创新素质结构中的操作系统。个体的创新能力由创新基本能力、创新思维能力、创新综合能力三部分组成。

1.创新基本能力

创新基本能力是指人们进行创新的基础能力，包括观察能力、注意能力、记忆能力、想象能力等。它们是主体进行创新创造实践活动必备的能力，又是培养其他创新创造能力的基础。

（1）观察能力。观察能力指的是主体在有目的、有计划，以及有思维积极参加的感知过程中，逐步形成的一种比较稳固的能力。观察既是一种内在的活动，也是一种外在行为。敏锐的观察能力是个体在创新创造活动中不可或缺的一种基本能力。观察敏锐的人，一眼便能看出问题的关键所在，抓住事物的本质，看准研究的突破口，选准课题，找准方法，很快取得创新创造的成果。反之，观察迟钝的人，常常是"视而不见"，不能找到问题的症结所在，看到的仅仅是一些表面的、肤浅的现象。因此，观察的敏锐与迟钝对于人们认识事物、增长才干，进而有所创新创造有着重大的影响。

（2）注意能力。注意能力指的是主体保持注意的力量、效力的能力。我国古代不少思想家、教育家早已认识到注意在人们日常生活、学习与工作等一切活动中的作用。古人云："心不在焉，视而不见，听而不闻，食而不知其味。"这里的"心"，可作"注意"解释，即如果人们的注意力不集中在某一客体上，则什么也不会感知到，即使是黑白醒目的事物、响彻云霄的擂鼓声，也会视而不见，充耳不闻的。这就从反面告诉人们，无论做什么事情，都必须使注意力保持集中，才可能收到应有的效果。

"注意"包含三层含义，即警觉性、选择性、警觉性与选择性的相互联系。

第一，警觉性，指人们在清醒的条件下，其意识总是保持着一定的警戒状态。只要客观事物发生某种新异的或与人的生活经验密切相关的变化时，人就会予以注意。不仅如此，甚至人在睡眠状态下，他的意识也有一定的警戒状态存在。人的意识的警觉性是与大脑皮层的警戒有关，人不论在清醒还是在睡眠状态，大脑皮层的警戒点都存在。正因为如此，所以人能随时注意到各种新的情况，特别是那些突如其来的事态。一句话，正是这种大脑皮层的警戒点，亦即意识警觉性的存在，才使人的意识与客观事物保持着联系。可以这样说：没有意识的"警觉性"，就根本没有"注意"。

第二，选择性，指人们在清醒的状态下，随时随地都有多种多样的信息作用于人。究竟接受哪些信息，并把它们输入大脑，对哪些信息不予注意，这就全以意识的选择性为转移了。经过选择后，对那些准备接受的信息，就予以注意；反之，对那些不予接受的信息，就不予注意。正因为注意具有选择性，所以有的客观事物就被清醒地反映在意识之中，而有的客观事物虽然被感知了，却会"视而不见，听而不闻，食而不知其味"。

第三，警觉性与选择性的关系，即指注意的警觉性和选择性是密切相关的。首先是警觉性，然后才有选择性。选择性是在警觉性的基础上产生的，没有警觉性，就不可能有选择性；同时，警觉性又是在选择性的指导下发挥其应有的功效的。没有选择性，警觉性便失去了真正的意义。警觉性和选择性又都是在人们的实践活动中联系、统一起来的。它们又都为人们所处的某些客观条件（如强烈的、对比的、活动的刺激物等）和主观条件（如需要、兴趣、情感、知识、经验等）所制约。

注意能力是创新活动的组织者和维持者，注意能力不仅是创新活动的警卫，而且也是创新活动的组织者和维持者。人们的创新活动甚至一切心理活动都必须有注意力的参与。如果没有注意力的参与，人们就不仅无创新活动可言，甚至连情感、意志都不能产生和维持。因此，注意能力是创新能力结构中不可缺少的因素之一。

（3）记忆能力。记忆能力指的是对事物识记和保持的能力。识记是关于事物的知识经验铭刻在头脑中；保持则是将识记的知识经验短期或长期地保留在头脑中，以至于暂不遗忘或长期不忘或终生不忘。创新需要记忆，记忆需要创新。如果一个人丧失了记忆能力或者记忆能力不强，就会影响他的创新活动。反之，如果一个人创新能力强，那么，相应地他也有较强的记忆能力。记忆是认识提高的途径。人的记忆能够对客观感知提供经验，它架起了一座从感知到思维的桥梁，如果没有记忆，人的知觉就很难形成，更不可能有思维的产生。人们有了记忆，才能在不断地认识世界和改造世界的过程中积累经验，丰富自己的知识储备，提高自己的认识水平。

记忆是知识形成的条件。无论是自然科学还是社会科学的学习，都是以记忆作为基础的。正因为有了记忆，学生才能掌握老师讲授的知识，徒弟才能继承师傅传授的技艺，一切创新才有开始的基础。记忆是思维发展的基础。记忆为思维活动提供了大量的素材，从而有利于人们进行科学思考。

在创新过程中，人们通过记忆而储存在大脑中的各种信息，经过一定的思维方式转化为人们需要的原则和方法，使问题得到解决。良好的记忆能力的显著特点是：记得快，即能在较短时间内记住尽可能多的东西；记得准，即能把该记忆的东西准确无误地吸收到大脑中来；记得牢，即能把头脑中已经记住的东西长期稳定地保持着；记得活，即在需要时能把记住的东西灵活、准确地从头脑中提出来加以运用。

（4）想象能力。想象能力指的是赋予智力或其他因素活力，增进智力或其他因素效益的能力。在创新活动中，观察能力、记忆能力、注意能力等使人们有效地获得信息，而想象能力则具有更大的能动性和积极性，因此，想象能力在创新活动中起到极为重要的作用。想象力在创新活动中的作用主要表现在：想象能力是引发创新的先导。任何创新都是以想象为先导的。只有展开想象的翅膀，才有可能事先就在脑海中构成关于活动本身及活动结果的种种表象。想象能力是激励创新的动力。创新创造发明是一种充满艰辛的思考过程，在这一过程中，人们常会遇到各种困难。只有克服这些困难后，才有可能获得成功。而激励人们克服困难的一个重要因素就是想象力。想象力可以转化为一种强大的心理激励力量，人们借助想象力可以预测克服困难的效果，设想创新创造成功的意义。人们对创新创造目标的期待以及对创造价值的憧憬，能极大地振奋人们的情绪，激发人们的创新创造力。

2. 创新思维能力

创新思维是指能够产生新颖性结果的思维。创新思维是人类普遍感知到的，但对其发生机制又觉得是迷惑不解的。由于目前脑科学还未曾发展到一定的阶段，人们难以对思维在头脑内部的全过程准确地把握。因此，暂且只能从创新思维的外部即仅用思维结果的新颖性作为确定某思维活动是否为创新思维的标准，而不是从思维过程去把握。

创新思维是一种有意识的创造活动，是思维元素（词语、意象、图形、模式）的重新组合，是综合运用各种知识和方法去创造性地解决问题。创新思维包括发散思维，收敛思维，联想思维，横向思维，直觉、潜意识、灵感，逻辑思维，辩证思维七个方面。

（1）发散思维。发散思维也称辐射思维。发散即向四面八方展开、分散。发散思维就是通过想象，让思想自由驰骋，通过对信息的分析和组合，得出两个或多个可能的答案、设想和方案。显然，发散性思维是一种开放性思维，就像一个光源向四面八方放射一样，思考者从不同方向去思考，得出多个不同答案。其中有的答案是相同的，即同类的。另有一些是别人都没有考虑到的，即独创性的。这种独创性的答案正是创新思维的本质体现，也是一般人很难做到的。只有经常进行发散性思维训练，才能使人越来越聪明，思维的独创性越来越强。

（2）收敛思维。收敛思维也称集中思维，复合思维，它是相对于发散思维而言的。它与发散思维的特点正好相反，它的特点是以某个思考对象为中心，尽可能运用已有的经验和知识，将各种信息重新进行组合。从不同的角度将思维集中指向这一中心点，从而达到解决问题的目的。这就好比凸透镜的聚集作用，它可以使不同方向的光线集中到一点，从而引起燃烧一样。

（3）联想思维。联想思维指的是在人脑内记忆表象系统由于某种诱因，使不同表象发生联系的一种思维活动。联想思维在创新活动中起着重要作用。联想在两个以上的思维对象之间建立联系。人们在解决问题时，往往会自觉不自觉地进行联想。自觉联想或善于联想的人解决问题往往来得快些，解决得好些。通过联想，可以在较短时间内在问题对象和某些思维对象间建立起联系。这种联系就会帮助人们找到解决问题的答案。

联想思维为其他思维方式提供一定基础。联想思维一般不能直接有创新价值的新的形象，但它往往能为产生新形象的形象思维提供一定的基础。例如，在参加某个会议的每个人，当听到别人发言后，会产生许多联想，有些联想会激发想象思维而产生许多新的想象。联想能活化创新思维的活动空间。人脑在进行创新思维的时候大脑非常活跃，就像大海起了波涛，但波涛并不是凭空而起的，是空气流动，温度变化而引起的。联想就像风一样，搅动了人脑的活动空间。由于联想思维有由此及彼、触类旁通的特点，常常把思维引向深处或更加广阔的天地，导致想象思维的形成，甚至灵感、直觉、顿悟的产生。

联想有利于信息的储存和探索。众所周知，思维操作系统的重要功能之一，就是把知识信息按一定的规则储存在信息系统，并且需要时间把其中游荡的信息检索出来，联想思维就是思维操作系统的一个重要操作方式。在储存时按照联想思维操作方式进行，被储存的信息之间建立了某些联系，检索时再按联想思维方式操作，检索的速度就会快速、准确。

（4）横向思维。横向思维又称水平思考法。水平思考是相对于垂直思考而言的。垂直思考是以逻辑学和数学为代表的传统思维方法。它强调的是缜密、精确、严谨、成序。它主张一步一步地解析、演绎、推理、立论。垂直思考存在着许多的局限性。它的缜密往往把人们的注意力引向现存事物的问题情境之中，从中寻觅事物的错误。但仅仅挑出事物的错误显然不够，它不能促成旧事物转化为新事物，所以缺乏建设性。而水平思考则不同，就好像试图从地面上挖出清泉，若一处挖不出则换另一处挖。因此，水平思考具有非逻辑性特点。它的精华就在于冲破事物原来的框架，让事物按自己的意图去变化发展，在于逆向思考问题。

（5）直觉、潜意识、灵感。直觉是人脑在实践经验基础上客观事物及其关系的一种迅速的识别、敏锐而深入的洞察、直接的本质理解和综合的整体判断。直觉的表现无处不在。工人可以凭他的直觉发现机器故障而给予排除，医生可凭他的直觉识别病人所患疾病而及时治疗。

直觉在创新中起着重要作用。直觉有助于预见，人们凭借直觉对事物的前景或发展方向做出预见；直觉有助于新发现，一些科学家往往能从一些平常的实验或材料中察觉并研究其中隐藏的具有意义的课题；直觉有助于抉择，在众多问题中选择突破目标，在解决问题的条件思路中选择正确的思路，这些往往取决于直觉能力。潜意识在精神分析学上指本能及与本能有关的冲动和欲望，它往往暗中支配着意识。创造发明实践证明，纯粹由有意识的推理和计算所产生的富于戏剧性的新思想、新事物是少见的。而潜意识的思维是产生新思想、新事物的主要来源。潜意识是有意识解决问题的助手，当人的意识全神贯注于某一问题时，潜意识在脑中相助。灵感是左脑意识与右脑意识互补作用下突然闪现出来的富有创造性的新概念、新判断、新思想、新形象的思维活动。它能使长期思考而未能解决的问题突然得到解决。灵感不是创造发明家独有的，也不是天生的。灵感以辛勤劳动为基础，是长期艰苦思维活动的结果。因此，灵感是可以开发的。它有突发性、飞跃性、瞬间性及模糊性特点。

（6）逻辑思维。逻辑思维与创新思维都属于思维范畴，是根据不同标准划分的。这里值得指出的是，逻辑思维和创新思维属于互相交叉的关系，即有的逻辑思维属于创新思维，有的逻辑思维则不属于创新思维。逻辑思维在创新实践中既具有积极作用，也存在着局限性。

第一，逻辑思维在创新中的积极作用。逻辑思维在创新中的积极作用主要表现在五个方面：

发现问题。发现问题是创新的起点。通过逻辑思维发现问题是创新实践的重要途径。要发现问题，就要对某些结论进行重新考察，发现新的矛盾。如果某个结论是通过某一逻辑思路推断出来的，而沿着另一逻辑思路得不出预定结论，那么，就可能导致问题的发现。

直接创新。有些问题的创造性解决是直接运用了逻辑思维的，这样的例子很多。例如，天文学上的许多行星、小行星和星系的发现，都是通过严密的数学运算得出的。

筛选设想。不管采取哪些创新思维方法，都可能提出两种以上的新设想。究竟哪一设想最有经济与社会效益，就要筛选出最优选择。进行筛选的过程主要用的就是逻辑思维。

评价成果。创新成果完成后，需要进行鉴定，得出正确评价。在评价过程中，就要以逻辑推理，判断其应用价值和效益推广运用。创新成果出来后必须推广应用，而需要推广运用，必须有市场调查、分析、营销策略的选择，以便决定生产规律、投资数量和生产周期等，这就需要经济学、社会学、教育学等方法。从总体上说，这些都是运用逻辑思维方法进行的。

总结提高。在创新成果做出并经过实践检验后，要进行总结，找出优点，发现缺点和不足，以便对成果进行修正补充，使其日臻完善，这些都离不开逻辑思维方法。

第二，逻辑思维在创新中的局限性。逻辑思维在创新中的局限性不可忽视。逻辑思维一般要与其他思维形成配合，才能在创新中发挥积极作用，如果单独使用，则往往不会产生具有新颖性的思维结果，有时还会限制创新思维。这主要是由逻辑思维自身特点所决定的。例如，由逻辑思维的常规性可见，逻辑思维的起点或依托是已有的知识和经验，然后用的是普通的逻辑判断和推理。这样，其思维结果就难以超出常规，产生出新颖性的结果。由逻辑思维的严密性可见，逻辑思维的方法是周密的、固定的，如果起点的思维方式是正确的，那么结论也是正确的，反之，由于逻辑思维的严密性，如果已有的知识本身有误，经验有偏差，以这样的知识和经验作为起点的逻辑思维，就不可避免地发生错误和偏差。

由逻辑思维的稳定性可见，逻辑思维的严密性和逻辑思维方法的程式化特点，造成了逻辑思维过程的稳定性和结论的必然性。逻辑思维的结果虽然符合逻辑，但不一定完全符合客观事实。然而，即使不符合事实，由于它的稳定性，仅用逻辑思维是难以打破的，就有可能成为创新思维的禁锢。

（7）辩证思维。辩证思维也称矛盾思维，通常称之为"两面思维"。实际上指的是按照辩证逻辑的规律，即辩证规律进行的思维活动。辩证思维在创新中的作用主要表现在以下三个方面：

第一，统帅作用。辩证思维是高级的思维活动。它根据唯物辩证法来认识客观世界，反映事物本来面目，揭露事物内部的深层次矛盾。它从哲学的高度为我们提供世界观和方法论。所以，它在高层面上对其他的思维方式起指导和统帅作用。

第二，突破作用。在创新活动中，经常会出现困难，或者发现不了问题，提供不出解决问题的有效方案，也就是出现了僵局。辩证思维就是我们打破僵局的有力武器。辩证思维从事物是普遍联系、发展变化的认识出发，分析事物内部矛盾双方对立统一的关系，不仅可以从多种时空角度发现和提出问题，而且能够在分析、对比中从正反两个方面入手，抓住主要矛盾和矛盾的主要方面，即抓住事物的本质，找到解决问题的关键。

第三，提升作用。人们的创新活动不论运用什么方法，也不论取得的成果大小，对事物的认识总有一个由浅到深、由感性认识到理性认识的过程。因此，对成果需要进行总结概括，上升为理论。辩证思维还可以帮助我们全面总结思维成果，提升成果的认识价值。

3.创新综合能力

创新综合能力主要指与创新有关的合作组织能力、沟通公关能力、实践操作能力、管理时间能力等。

（1）合作组织能力。合作组织能力指的是创新者组织管理、配合的能力。创新项目涉及多学科、多专业，这就要求创新项目的组织者有较强的组织管理能力，创新者要有较强的协调配合能力。

（2）沟通公关能力。沟通是指人与人互相了解的过程。一个人的成长从沟通开始，创新人才的发展从沟通开始。公关是指个体与他人交换信息的过程，其本质含义也是沟通。因此，学会沟通才能更好地成长成才，更好地开展创新活动。

（3）实践操作能力。实践操作能力指的是人们运用工具、技术和技巧，去实现自己所要解决问题的目标的能力，即解决问题的动手能力。实践操作能力对创新能力的发展起着推动作用，是进行创新活动重要的基本功。

（4）管理时间的能力。管理时间的能力指的是有效地管理时间，有能力挖掘最大的时间潜能，在尽量短的时间内获得最大的效益。一切节约，归根结底是时间的节约，一切管理关键在于时间的管理。创新者应当惜时如金，充分挖掘时间的潜能。

（二）创新能力的培养原则

1.科学训练原则

科学训练，指的是通过编制科学计划，对学生进行科学的、规范的、创造性的思维技能训练。

在创新能力培养实践中，教师往往以创造性思维竞赛取代创造性思维的科学训练，如教师要求学生在规定的时间内指出某一物体的功能，或者某一件物品的用途等。毋庸置疑，这样的"创造性"思维竞赛可以使学生创造性思维能力得到某种程度的提高，但其效果是有限的，甚至会带来一定的负面影响。只有坚持科学训练的原则，使学生具备全面的创造性思维技能，才能在诸多的领域都能表现出自己创造性思维的能力。由此可见，在创新能力培养中，必须坚持科学训练原则，而不是"运动式"的竞赛。

2."破"与"立"的原则

"破"指的是破除传统的应试教育所形成的、覆盖学生头脑中那些"厚重的硬壳"（如迷信权威、从众心理、唯书唯上等思维定式），"立"指的是制订科学的训练计划，建立学生富于创造性思维的创新能力结构。

学生创新能力培养就是要破除那些思维定式方面的"硬壳"。而破除在长期应试教育中所形成的不利于创新能力发展的"硬壳"，是有较大难度的，需要经历艰难的阶段。在创新能力培养中，必须坚持"破"与"立"的原则，破除束缚学生创造性思维训练的传统观念，确立有利于创造性思维的创新能力结构。

3. 协同配合原则

协同配合是指创新能力培养需要校内外各个部门的参与、支持和各个环节的协调配合，同心协力，使创新能力培养能在良好环境与氛围中有序开展。创新能力的培养，无论是从内容的实施和条件的创造，还是环境氛围的保障，都是一个系统工程。正是从这个意义上说，创新能力培养不仅仅是学校教育培养问题，而是一个全社会的问题，牵一发而动全身。所以，创新能力培养需要包括学校、家庭、社会在内的全社会的共同努力，以及学校内各学科、各专业等方方面面的协调一致、有机结合，从而在全社会营造出崇尚创新、鼓励创新和适宜创新的环境与氛围，每一所学校都是创新能力培养的一个有机整体，每一位学生的创新素质都从这里得到充分的培养和提高。

学校、家庭和社会形式上相对独立，实质上是一个紧密联系、相互制约、彼此影响、有机结合的整体。学校是学生创新能力培养的主要场所，它通过明确的教育目标、规范的课程、系统的教学以及合理的师资等，有组织、有计划地对学生的创新素质进行培养。家庭是培养创新能力的起点和第一所学校，它奠定了学生接受学校创新能力培养必不可少的智力与非智力品质的基础。社会是一所没有围墙的超级学校，学生在学校学到的创新本领将在这里充分展现并继续提高。可以说，如果没有家庭对孩子创新素质的奠基与启蒙，学校创新能力培养将失去基础和前提。如果没有社会各部门的支持和承认，即使学校培养出了具备创新素质的人才也将无用武之地。对于学生创新能力培养，家庭教育是基础，社会环境是保障，学校对学生进行培养，有赖于家庭、社会的密切配合，相互协作，齐抓共管，形成合力。

4. 层次推进原则

层次推进是指创新能力培养必须根据各年龄段学生的生理、心理特点和知识储备基础，分层次地确定阶段性的创新能力培养内容、途径和方法，从而使不同层次的受教育对象在阶段性的学习中自身的创新能力得到最大的提高和最充分的发挥。创新能力培养是一个长期工程，应当循序渐进。广大教育工作者要从学生的身心发展规律出发，准确把握学生身心发展阶段性特征，为不同学龄层次的学生设计创新能力培养的目标，探索出一套切实可行的培养策略与方案，科学地构建起学生从幼儿园到大学的创新能力一体化培养体系。

（1）低幼阶段创新能力培养。创新能力是每一个健康个体都具有的一种普遍的心理能力。人的大脑在两周岁以前基本发育完成，5周岁以前的重量已接近成人的95%，同时智力的发展程度也接近成人的一半。这一时期人的潜在素质可塑性大，机械记忆力旺盛，好奇心强，是大脑思维最活跃的时期。所以，创新能力可以并且理应从幼儿园一接触新知识、新事物时就着手培养。

幼儿阶段是创新素质发展非常关键的阶段。美国杜克大学史蒂芬博士认为，2～6岁是创新能力发展的关键时期，在这一时期若不很好地培养，以后就很难点燃起创新能力的火花了。根据幼儿身心发展特点，幼教创新能力培养应着力抓好幼儿团队合作精神、观察习惯培养、好奇心激发、想象力发挥、动手能力培养等。

（2）中小学阶段创新能力培养。小学阶段和中学阶段是学生身心发展与世界观逐步形成的重要时期。他们逐渐在告别童年的天真与稚气，对知识的认识也逐渐从机械记忆型转向逻辑性把握，对"好学生"的内涵也逐渐从"顺从""听话"的概念发展到"有创见""有潜力"。在他们从幼稚走向成熟的人生转折过程中，进行以创新素质为核心的培养与教育是非常重要的。

（3）大学阶段创新能力培养。大学生是创新能力培养的关键时期。从发展心理学看，大学生已经具备了培养创新素质的基础条件。在思维方面，大学生已经具备了比较成熟的表象和形象思维能力，抽象逻辑思维能力的发展也使他们能够超出有形物质条件的束缚而思考问题，他们的思维已有一定的独立性、批判性、组织性和深刻性。在认知能力上，大学生是经过高考的严格挑选而进入大学的，他们的观察力、记忆力和注意力的发展已经基本成熟。

进入大学后，随着专业知识的学习，这些基本的认识能力将进一步得到发展。在情绪情感和意志方面，大学生的情感日益丰富，许多具有社会性、事业性的高级情感越来越多，并逐步具有相对的稳定性，不易受消极因素的影响。同时，大学生的意志品质逐渐提高，逐步具有了较高水平的自我调节和控制自己行为的能力。这是他们顺利进行创新活动的重要基础条件。因此，高等院校应着力对学生进行创新能力培养。要创造有利于学生创新意识、创新精神、创新能力培养的良好环境，营造学术上兼容并举，创新思维火花迸发，优秀创新人才脱颖而出的良好氛围，鼓励大学生勤于思考，努力开拓创新，创造条件使他们早日成为创新型人才。

5. 主体性原则

主体性是指在创新能力培养过程中，明确学生的主体性地位，并创造充分的机会和民主的氛围，让学生积极、主动并富有创造性地参与到教与学的活动中来，从而实现学生创新素质的健康发展。为此，教师在创新教育实践中，应注意以下几方面：

一是要倡导师生民主平等，营造课堂融洽气氛。广大教师要切实做到：在教学的各个环节上都要让学生充分参与到教学活动之中，摒弃"一言堂"，实现教学时间由原来的教师独占型向师生共同参与分享型转变。在教学中主要采用启发式和讨论式进行，为学生提供充分参与机会。在课外活动中，教师要以多种形式与学生密切沟通，贴近学生的脉搏和思考，使学生从内心深处把教师当作良师益友。

二是调动学生兴趣，引导学生主体参与。教师在教学实践中，要精心设计教学方案，巧妙激发学生的学习兴趣,调动他们的学习热情,从而让学生主动地参与到教学过程中来。

三是面向全体学生,创造参与机会。要真正在教学过程中发挥学生的主体参与作用,教师必须合理安排教学组织形式,要为学生开辟充分的表现时间和足够的活动空间,从而为学生创造参与的条件。

四是破除全盘接受,鼓励表现自我。在创新能力培养实践中,要发挥学生的主体性作用,还离不开教师给他们表现自我的权利与机会,这样,他们才能真正地用自己的大脑思考,不迷信、不盲从,做自己思想和行为的主人。为此,要鼓励学生质疑问题,独立思考,要鼓励学生标新立异,善于发现部分学生"唱反调""钻牛角尖",引导他们表述自己完整的论断和论证依据。

6. 弘扬个性原则

弘扬个性就是在创新能力培养过程中,教师应把学生看成一个有尊严、有个性、有巨大发展潜能的生命个体。全面关注他们的发展需要,全面贴近他们的精神生活,激发他们的创新意识和创新情感,开发他们的创新潜能,不断提高他们的生命质量和生存价值,进而使他们在生动活泼、主动和谐的发展过程中形成良好的、适合自身发展的个性。

创新教育区别于传统教育,在于传统教育注重基本知识和技能的传授与掌握,创新教育更关注和尊重人的个性发展,是培养学生以创新素质为核心的个性化的教育。创新教育不能也并不应以牺牲教育者的个性为代价,恰恰相反,只有尊重并弘扬其个性而因材施教才能最终和最大限度地实现对学生创新能力的培养。因此,在创新能力培养中,要尊重学生的个性发展,尊重学生学习的个性差异,让学生把个性发展的主动权掌握在自己的手里,让学生的个性得到健康和谐的发展,从而使他们通过创新教育最终都能成为既有创新能力又有良好个性发展的人才。

二、创新基本能力培养

(一)观察能力的培养

观察能力培养指的是通过对学生的观察训练,提高他们的观察能力。训练方法主要涉及以下六个方面:

1. 观察目的性训练

观察目的性训练主要有任务法和列项画钩法两种方法。任务法是指在开展观察活动之前,需适时地给自己提出一些要求,规定任务,以便使观察有目的、有计划地进行。列项画钩法是指在明确观察任务和目的后,列出一个围绕任务的项目表,好像人们上街购物的"购物提示",需要购什么物都一一"列项",每购好一件物品都"画钩"记载。它能够促使观察者有目的、有计划地观察有关内容。如对鹦鹉的观察可列出项目:

头的形状、眼睛的形态、头部羽毛颜色、嘴巴的形状、翅膀颜色、身上的羽毛、尾巴、爪子、叫声、喝水动作、吃的食物、睡的姿势、一天的主要活动等，然后逐项进行观察并加以记载。

2. 观察精确性训练

观察精确性训练主要采用"中心单元法"，即围绕某一观察对象或内容开展一系列观察活动，以求完整、准确地把握和理解事物的现象和本质。例如，观察种子发芽成苗这一过程。围绕种子是怎样发芽这个中心，设计出一系列观察活动，如观察什么时候生出根，什么时候张开瓣，什么时候长出叶子，颜色怎么样，每天需浇多少水，等等。

3. 观察分析力训练

观察分析力训练主要有追踪法和破案法两种方法。追踪法又称为间断观察法，即在不同时间、不同条件下对同一事物进行反复的追踪观察，以了解事物的发展变化过程，掌握规律，从而对类似情况做出准确的分析和判断。如用一个月的时间观察月亮阴晴圆缺的情况。破案法是指从某一现象、线索中的疑问入手，进行探索性的观察，找出问题的症结，发现解决问题的办法。

4. 观察重点训练

观察重点训练有主要特征法和个体差异法两种方法。主要特征法指在观察事物时，要认准观察对象的主要特征。如观察公鸡与母鸡的区别，在观察公鸡时，它的鸡冠和羽毛的颜色及大小，因为这是区别于母鸡的主要特征。个体差异法指在对同类事物进行观察时，应当抓住其个体特征。例如，《水浒》中的人物性格刻画，同样是被逼上梁山的林冲和杨志，却完全是两种心态和性格，这就是他们的个性差异。在实际观察中，我们面对的更多的是活生生的个体，每一个体除了具有同类事物的类别特征外，更重要的是其个体特征。因此，要使观察深入、细致，就必须抓住事物的个体特征。

5. 观察积累的训练

观察积累的训练包括随感法和观察日记法两种方法。随感法是最简单也是最基本的观察积累手段，形式为随看随记、随想随记，字数不定，可长可短，形式自由。如观察养蚕要记录的是：某月某日，蛾卵由黄变黑；某月某日，小蚕破壳而出；某月某日，第一次蜕皮，等等。观察日记法是指随着观察材料的不断积累和丰富，简单的随感式摘记显得过于简单，这时就需要写观察日记了。

6. 观察方法训练

观察方法的训练包括顺序转换法和求同寻异法两种方法。顺序转换法指的是有计划、有顺序地观察，从不同角度、不同顺序上去观察同一事物，或用同一顺序观察不同事物，从而把握观察对象的整体和实质。求同寻异法指的是要认真研究观察对象，找出同类事物之间的异同，并分析其间的关系。其意义在于提高观察者的观察、分析、思考、概括、归纳等多种能力。

（二）注意能力的培养

1. 拓宽注意的广度

所谓注意的广度，也就是注意的范围，是指一个人的注意在同一时间所能清楚地抓住的客体的数量。一般地说，成人的注意力在十分之一秒的时间里，能注意到四至六个彼此独立的客体。在创新活动中，注意的方式直接影响获取信息的速度。做到"一目十行"是拓展注意广度最好的训练方法，是培养人整体把握独立客体能力的最佳方法。

2. 增强注意的稳定性

注意的稳定性是指注意力能在较长时间内保持在某种对象或活动上。它是对注意维持时间的长短、久暂而言的。根据心理学的研究，在同一活动中，一般来说，一个人的注意力能够保持 10 ~ 20 分钟。学生在课堂上学习时，只要主客观条件配合得当，可以达到 25 分钟甚至更长时间的稳定注意。如果经过这一时间后，允许稍做休息调整，即注意力有一种短暂的休息，那么，稳定的注意力就能保持几个小时，而长时间的注意对任何创新创造活动都是必要的。

3. 调整注意力的集中与分配

注意力的集中是指人的注意在一定时间内能够集中到某一客体或对象中去，一旦集中到某一客体或对象，也就同时离开了其他客体或对象，这即为注意集中的表现。注意的集中和注意的分配看起来是一对矛盾，但在一定条件下，可以相互转化，因此它们是对立统一关系。在创新活动中，集中注意固然重要，而分配注意也必不可少。我们必须把注意的集中和分配有机地统一起来，即在专心致志于主要活动基础上，让自己的注意适当地分配到那些不需要意识参与的活动上，这样就可以在完成主要活动的同时，完成与之相关的一些熟练的活动。在人们的日常生活、学习和工作中，注意的集中和分配合理统一是常见的。一个善于分配注意力的人，就能在同一时间内，以比较少的精力从事较多的创新创造活动，从而获得较多的成果。

4. 保持注意力的适度紧张

所谓保持注意力的适度紧张，即指适度控制和调节注意力的紧张程度。一个人在紧张注意状态的下，会沉浸于他所注意的客体或对象而对于发生的一切都未能觉察。牛顿由于思考问题入迷，曾把手表当鸡蛋煮在锅里；数学家陈景润在求解哥德巴赫猜想时，常常由于过度聚精会神，走路时连碰到树也不知道。一个人保持注意力的紧张性，就能把注意力高度专注于当前的事务，避免各种无关事务的干扰，从而大大提高效率。但是，过分拉紧的弦有绷断的危险，长期过度的紧张注意会使人精疲力竭。因此，在创新创造活动中，必须善于调节和控制自己注意的紧张度。

5. 发挥注意力的主动性

注意力的主动性是指一个人善于将注意力从当时不需要的客体或对象转移到当时需要的客体或对象上。创新创造要求一个人的注意力具有极大的主动性。有了主体的主动性，一个人就能及时地按照创新创造的目的和任务去从事那些必要的活动，不会浪费时间。时间就是生命，时间就是创造，要充分发挥注意力的主动性，用有限的生命，去进行更多的创新创造。在创新能力培养过程中，应当引导学生发挥注意力的主动性。

（三）记忆能力的培养

人人都具有发展自己记忆能力的生理条件。研究表明，正常人脑的记忆储存容量是电脑的 100 万倍。可以说，人脑的记忆容量是无限的。人们记忆能力可以由后天培养训练来改善和加强，通过科学训练和系统培养，任何人都可以把自己原来的记忆水平提高到一个新层次。为了培养适宜创新需要的记忆能力，应该遵循记忆规律，运用科学的记忆策略和记忆方法，讲究记忆卫生，努力提高记忆水平。

1. 遵循记忆规律

记忆是有规律可循的，人们如果能自觉地遵循记忆规律，就能取得预期的记忆效果，达到预定的记忆目的。

（1）记忆要有明确的任务。即在学习中，对那些必须记住的材料，一定要作为明确的记忆任务去完成，绝不能放任自流。

（2）安排记忆材料要适当。即学习时要根据个人的时间和精力。

（3）要充分了解记忆材料的性质。一般来说，记忆时，有意义的材料较之无意义的材料容易记忆；简单的材料较之复杂的材料容易记忆；直观形象的材料较之词语抽象的材料容易记忆；有节奏和韵律的材料较之没有节奏和韵律的材料容易记忆。这些不同性质的材料都必须充分了解，以便采取不同的记忆方式。

（4）关注艾宾浩斯的遗忘曲线。德国心理学家艾宾浩斯发现：识记之后，遗忘很快开始，最初一段时间不仅遗忘得快，而且遗忘得多，以后便逐渐减慢与减少下来，这就是所谓的艾宾浩斯遗忘曲线的含义。这一规律要求记忆时要适时地安排复习。

（5）善于遗忘。保持与遗忘是一对矛盾，两者既对立又统一。要保持某些记忆，对另外一些记忆必然会有所遗忘。只有有所遗忘，才会有所保持。不要奢求记住所有的知识，只需牢记那些必要的知识，忘掉那些不必要的知识，有所失，才能有所得，才能巩固记忆。

（6）需要的材料容易记牢。需要是人的一切心理活动赖以发生、发展和变化的基础，对记忆也不例外。在创新能力培养中，要激发学生求知欲和创新创造的需要，这样，才能有效地提高记忆能力。

（7）调动感情。记忆时必须调动起情感的积极性，才能乐此不疲，精力充沛。

（8）积极思考。若要记得住，必须理解透。在创新能力培养过程中，必须调动学生的思维积极性，以便在透彻理解基础上进行记忆。

2. 具备有效的记忆条件

研究表明，要想有效地进行记忆，必须具备一定的条件。这些条件主要包括十个方面，即要有远大的动机，要有明确的目的，要有精确的感知，要有集中的注意，要有积极的思维，要有充沛的情感，要有坚强的意志，要有广泛的兴趣，要有丰富的知识，要有健康的身体。

3. 掌握良好的记忆方法

良好的记忆方法不仅有助于提高记忆效果，也有利于发展记忆能力。以下记忆方法和技巧值得借鉴：

（1）协同记忆法，即在记忆过程中，看、读、写、听多渠道协调配合，同时进行，调动人的各种感觉器官。

（2）歌诀记忆法，即将记忆材料编成有韵律、有节奏的歌诀帮助记忆。

（3）趣味记忆法，即将必须记忆的材料编成有趣的故事或者开展活动来提高记忆效果。

（4）联想记忆法，即将一些难记的材料与熟悉的知识联系在一起，进行比较、归并等方式来帮助记忆。

（5）规律记忆法，即找出事物发展的规律，然后按照规律来记忆。

4. 注意用脑卫生

脑越用越灵，脑是遵循"用进废退"规律的。但用脑需要遵循科学规律。用脑卫生应注意做到：劳逸结合，身心放松；把握记忆的最佳时间；稳定情绪，提高信心；适当营养，合理饮食；保持空气清新，环境良好；等等。

（四）想象能力的培养

1. 积累丰富的知识和经验

想象力是客观现象在人脑中的反映。丰富的知识和经验是想象力发展的基础。如果人们缺乏必要的科学知识和经验，其想象力就会贫乏、空洞、苍白，甚至会成为漫无边际的胡思乱想，无法发挥想象力在发明创造活动中的能动作用。与此相反，如果人们拥有丰富的知识和经验，就为其想象力奠定了坚实的基础。一般来说，人们的知识越渊博、经验越丰富，其想象力驰骋的领域就越宽广。所以，为了发展自身想象力，应该不断积累知识和经验。

尽管知识和经验对于发展想象力非常重要，但这并不是说知识经验一多，想象力就会自然而然地发展起来。如果人们缺乏独立思考的态度和能力，满足于已有知识，不思进取，停滞不前，丧失开拓进取的精神，也会阻碍想象力的发展。因此，努力学习知识，勤于实践，不断积累经验，是提高想象力、产生灵感的基本前提条件。

2. 保持好奇心

保持好奇心对于提高想象力非常重要，它是提高想象力的重要途径，是创造性想象的起点，能激发人的想象力。在发明创造过程中，受兴趣和好奇的驱动，人们的想象力能够充分地激发起来。由此可见，好奇心、求知欲以及爱好和兴趣能够帮助人们进行深层次的想象。所以，学生应大力发展自己的好奇心和求知欲，提倡科学的怀疑精神。遇事多问几个为什么，可使"想象车轮"滚滚不息，使"想象翅膀"自由飞翔。

3. 学会自由思考和独立思考

自由思考就是不受眼前思维材料限制和脑中常用逻辑思维方法的限制，思维不受时间、地点和其他条件限制。这种自由思考就是想象思维。在自由思考中，可以大胆猜测，猜测的过程就是想象思维的过程。猜测的结果就是灵感的一种形式，经常猜测，就会提高想象力。独立思考是不依赖于他人指教和书本观点进行推理和想象的思考。这是提高想象力极为重要的方法和途径。

4. 提升推理能力

要在提升推理能力中提高想象力，在提高想象力的同时提高推理能力。想象力缺乏论证，而推理能力具有强有力的论证力量，缺乏推理能力的人，对于想象成果的科学性就无法进行判断。如果想象力和推理能力都很强，那么，就有丰富的灵感。一旦产生灵感，又能进行论证判断。因此，严密的推理是保证想象力有着正确方向的重要基础。

5. 多欣赏文学艺术作品

优秀文艺作品都具有丰富的想象力，文学作品中的类比、比喻本身就是一种想象。另外，文学艺术富于激情，欣赏时有利于激发情感，而激情与想象力有着密切关系，愉快乐观的情绪使人的想象充满乐观，令人兴奋，有利于人们激发创造性的想象能力。

三、创新思维能力培养

（一）创新思维的特征

创新思维是整个创新活动智能结构的关键，是创新能力的核心。创新思维能力的培养是创新教育的重中之重，在一定意义上说，创新教育目标就是把学生培养成为具有创新思维能力的人才。

创新思维是具有创新精神的人捕捉到新颖、有价值的信息并把它输入大脑后，进行分析、整理，进而抓住事物的本质，通过研究、推理、判断后形成新颖、独创的解决方法的思维方式。创新思维较一般思维而言，有以下特征：

第一，全面性。创新思维克服了传统思维的片面性和狭隘性。面对现象，创新思维不但考虑事物的表面，更注重考虑事物的本质，观察它的各个方面，并且这种思维还由此及彼，联系思维中相近的、类似的或相反的事物，考虑问题力求全面，避免一叶障目不见泰山的片面现象发生。

第二，综合性。创新思维是站在巨人肩膀上的思维，把许多前人的理论观点吸收过来进行整理、综合，使之成为思维的材料，加快自己思维过程，同时，还对自己思维过程中的观点进行综合，加强思维的综合性。

第三，多向性。创新思维不仅仅局限于它所面对的现象，不局限于已经确定的思维目标，它的思维过程不是单向的，所产生的观点、设想、方案也不是单一的，而是多种多样的。

第四，抗压性。由于创新思维产生的观点、方案、计划会与别人的不一样而遭到反对、抑制，而创新思维不会因为这些原因而改变或泯灭，相反会更完善、更科学。

第五，实践性。实践是创新的基础，创新思维产生的观点、方案、计划只有在实践中才能得到检验，才能产生更多的精神和物质财富。创新思维在实践中不断更新、完善，而且创新思维不是被动的改变，是主动的适应。

（二）创新思维的障碍

每个人都具有创新思维能力，只是这些能力要加以开发才能发挥人类最大的潜能，而开发创新创造力的一个重要条件就是要排除阻碍。阻碍创新思维发展的因素，犹如排水沟积累的秽物，只有经过水的冲洗，秽物排出后才能顺利排水。同样，创新者需要消除束缚创新思维的障碍，才能使其创造力更为奔放，创新思维更加畅通无阻。有关阻碍创新思维发展的因素，归纳起来一是心理感知障碍，二是解决问题的障碍。

1. 心理感知障碍

（1）缺乏主动处理问题的态度。缺乏创新创造力的人在处理某些问题时，一般是被动的，不积极的。他们只对已经发生的事件、情况做被动的反应，不愿将自己带入新的情境，创造一个新的环境。他们常常认为创造会自己主动来敲门，因此处理问题迟缓，往往错过创新创造发明的良好机会。

（2）缺乏自信心。怀疑自己的能力，就是缺乏自信心的表现。譬如，害怕与人比较、害怕显现自己愚蠢、害怕失败、害怕批评等都是缺乏自信心的表现。

（3）片面的成功观念。成功就是自己对某种事物或经验的自我满足。那可能是体能、社交、智力或美感经验，任何事物可能使自己有用、快乐、重要，都是成功。然而，现实生活中，人们往往认为获得财富、势力、名誉就是成功，认为成功是一种物质需求。这种认识成功的观念是片面的、不正确的，无疑是会阻碍创新创造性思维发展的。

（4）负面情绪的影响。所谓负面情绪，即指愤怒、沮丧、害怕、恐惧、悲伤、卑屈、厌恶等情绪，这些负面情绪会分散人们的注意力，威胁人的心理安全，减弱人们的创新能力。

（5）盲从权威。人们往往盲目服从权威，以致阻碍创新思维发展。有的人事事依着别人的意思判断事物，总是受人支配，自尊和自我价值完全仰赖他人决定，总是模仿别人，凡事跟着规则走。有的人从外表看仿佛很有主见，但事实上他处处依从别人意见，自己没有主见。其实，权威不是绝对的，是相对存在的。他可能在某一领域是权威；而在另一领域则不是权威；他可能在某一方面是权威，在另一方面可能不是权威，他可能在某一时期是权威，在另一时期可能不是权威。所以，我们不必盲目服从权威。

（6）从众心理。从众就是随大溜，跟从大众，它是阻碍创新思维常见的因素之一。在传统社会里，这种思维定式往往得到强化，如人们常说"大多数这样做应当不会错"，这就是从众心理的表现。

（7）恋旧心理。恋旧最典型的表现就是推崇经验，从思维角度看，经验具有很大的狭隘性，它束缚了思维的广度。因为任何经验只是一定范围的经验，往往只适应一定时空的范围。同时，经验具有主体狭隘性，一个思维主体不管经验多么丰富，但总是有限的，况且经验在处理常见现象方面可能得心应手，往往会形成死的框框或思维定式，束缚创新思维发展。

（8）童年的挫折与伤害。人们的创新创造力在童年时期，可能遭到无知父母或仅遵守惯例习惯的成人的伤害。童年的挫折与伤害，导致害怕、罪恶感、禁止感、行为反射等各种障碍，确实不利于创造力的培养。

2. 解决问题的障碍

（1）只抓住一点。多数人在遇到问题时认为，若能想出一个点子来解决问题就非常满意了，而很少是在想出许多点子后，再从中挑选一个较好的点子去解决问题。创新创造性思维要求不应该只抓住一点，而且要求集思广益地从各个不同角度寻求解决问题的办法。

（2）过早下结论。人们往往习惯于过早下结论，这样，经常会遗漏一些新消息和新资料，这就限制了具有创新创造性的解答。

（3）只关心答案。人们一般在碰到问题时，希望尽快找到答案。事实上，创新思维要求从各个方面去观察问题，亦即关心问题而不是关心答案。

（4）急切的心态。有的人为了表现效率，显得过分主动和积极。这种急切的心态可能导致两种预期相反的效果：只想尽快去找到线索解决问题，往往轻易地放弃许多更新更好的解决办法；没有全盘性地观察问题，因而忽视了个别因素之间的关联，产生误导。

（5）钻牛角尖。有的人喜欢钻牛角尖，思想固执，越钻越迷糊，以致身心疲惫却未能掌握问题的核心。当我们面对问题百思不解时，不妨暂时把问题搁置一边，经一段时间酝酿再重新审视问题，这时可能会产生一些创新思维的方法。

（6）忽略想象的重要性。具有创新的成果，往往需要想象。假如开始思考问题时，就专注于具体与实际的功能，却忽略了想象的重要性，往往会阻碍思维的正常运行。

（7）缺乏深思熟虑。具有创新思维能力的人，在面对问题时经常采取的方法是：思考各种可能解决问题的办法，衡量、过滤不同的、矛盾的观念、因素及参照物，锲而不舍地刨根究底。而缺乏深思熟虑的人，无法从事创新活动。

（8）没有明确的目标。人若缺乏一个值得他去努力的目标，也就缺乏创新动机，这样，就无从谈及开展创新活动。

（三）创新思维能力培养

1. 创新思维能力培养的意义

人类社会发展的历史是人类靠创新思维来逐步实现的。培养创新思维能力在创新教育中意义重大，因为通过教育，培养出适应时代需要的具有创新思维能力的高素质人才是提升整个民族创新水平的关键。

（1）创新思维能力培养有助于创新教育目标的实现。创新思维能力培养是创新教育的重要组成部分，创新教育的重要目标是培养人的发散性思维。所谓发散性思维，就是根据当前条件和已有的经验，沿着不同的角度思考、产生大量的设想，进而提出独特见解的一种思维方式。历史上不少很有造诣的科学家与诺贝尔奖擦肩而过，其中一个重要原因就是落入思维定式的陷阱，缺乏发散性思维。创新型人才必须跨出思维定式，让智慧光芒四射。思维所包含的思考习惯、方法、过程是有向度的。限制在一个向度难以自拔，可称其为思维定式。在思维时应该还大脑一片蓝天，让思维天马行空，自由驰骋，没有任何约束、限制，让灵感飘然而来。思维定式固然有其优越性一面，但在科技发展一日千里、变化错综复杂的今天，不能用以往形成的思维定式、老经验、老框框来习惯性地思维。因此，必须提高发散性思维能力。

（2）创新思维能力培养是创新教育的基础。这是因为，创新教育的目的是人的智力开发，人的智力开发要靠创新思维来实现。创新思维把思维结构的设计和开拓有机地结合起来，要求全方位开展广义的立体思维和发散思维，以取得全面系统的创新，这为创新教育提供了广阔的前景和发展的基础。随着社会的发展，知识经济的大潮已经汹涌澎湃而来，社会对人的素质不断提出新的要求，而创新思维无疑是人的素质中一项重要的内容。教师在学生创新思维培养中的作用非常重要，只有帮助学生克服某些思维定式的消极影响，排除思维障碍，培养学生的创新思维，才能真正实现创新教育的目标。

2. 创新思维能力培养的途径

思维犹如能源一样，创新思维能力培养就是一种储量极大的能源的开发。因此，应当认真学习和接受创新思维的培养和训练，关注思维的科学发展。培养学生的创新思维能力，有以下基本途径：

（1）确立学生在创新思维培养中的主体地位。在创新思维能力培养过程中，应该突出学生的主体地位，让学生成为自己思维的主人，有自己的思维，有自己的创新，而不是跟着教师转，或者人云亦云，没有自己的独立见解。教师可以让学生多尝试，根据学生的心理特点和教育规律，把学生的主体地位和教师的引导作用结合起来，通过环境创设、尝试操作和学生的互动作用，让学生在自己的探索中找到答案，从而激发学生的创新兴趣，培养创新精神。

（2）积极开展艺术教育，全面发展学生创新思维。积极开展艺术教育，开发人脑功能，可以发展形象思维，实现逻辑思维和形象思维的统一，全面开发创新思维。全面发展创新思维是当前学校教育改革的重要目标之一，而艺术教育可以帮助这一目标的实现。教育教学过程中，应该在保持原有左脑积极工作的基础上，通过艺术教育强化右脑，充分开发右脑潜能，优化左右脑的协同功能。

教师应该熟谙脑科学和思维科学规律。因为这不仅能使教师了解别人潜能的丰富性和可开发性，而且也可使他们重视学生的右脑开发，发展直觉思维和形象思维能力，促使左右脑协同活动。学会用全脑来思维，是培养学生创新思维能力的基本途径。左半脑是科学脑，主要具有语言、分析、计算、抽象、逻辑、对时间感觉等思维功能；右半脑是艺术脑，具有表象、综合、直观、音乐、对空间知觉和理解等思维功能。在思考方式上，大脑左半球是垂直、连续的、因果式的；大脑右半球是并行的、发散的、整体式的。在这两个功能不同的大脑半球之间由两亿多条神经纤维素脐肌体相沟通，从而使两半球的功能互相配合、互相补偿，以保证大脑功能的高度统一。这就从生理功能上证明了创新思维能力的发展，不能单靠大脑任何一个半球的活动获得。幼儿的大脑两半球之间更容易建立联系。因此，在儿童时期多接受艺术教育对他们的发展有深远的意义。

为培养创新思维，在艺术教育中，不可忽视左手运用的训练。因为左手运用的操作性、技能性、灵活性以及艺术性的丰富与发展，直接影响到大脑右半球的机能品质。两个半脑的协同活动，合理分配，相辅相成，对于思维的训练有着独到的作用。例如，美国的一所米德小学，孩子们用一半时间学习艺术课程，另一半时间上常规课，结果，他们的数学、语文和其他科目的成绩都有提高。欧美的其他学校也仿效，也取得了同样效果。这说明花费时间开发右脑功能是有效果的。许多研究也显示，事业成功者大多是右脑功能得到较大开发者。

（3）认真进行反向思维训练，培养学生创新思维。通过反向思维的训练，可以改变思维习惯。与一般人思考问题的方向不同，与平常的思考问题的步骤不同，人家不想或没有想的，认为是正常的事情，你却加以思考，从中发现问题，并从中找到解决问题新的办法，这就是一种反问思维。通过反向思维训练，常做思维"倒立体操"，可以得到许多创新的灵感。

（4）为学生提供轻松环境，培养学生创新思维。自由、民主、宽松的环境往往容易产生灵感。美国学者托兰斯认为，创造力的发展必须在自由而宽松的气氛中才能形成。往往学生在课堂上担心答错或答不完整遭到别人的嘲笑，而不敢发言。这不但影响创新思维的发展，而且很多灵感也被扼杀。所以，在教学中，教师应尽量减少对学生思维的限制，对学生的想法不要随意批评、指责，而要多加引导，循循善诱，使学生敢想、能想、会想、善想，让灵感的火花不断迸发出来。灵感是创新思维中的特殊过程，在创新思维中，人的精力高度集中，注意力专注于思维对象上，思维极为活跃。新形象、新思路、新方案的产生常常有突然性，这种突然产生解决问题方式的状态就是灵感。

在创新思维中，灵感起着重要作用。灵感的产生虽然有其偶尔性，但也有必然性，它有产生的条件。如良好的环境，长期积极的创造性劳动，愉快的精神状态，对研究对象的敏感性，抓住机遇的能力，等等。因此，教师除了向学生提供良好的思维环境外，还要帮助学生以自己的辛勤劳动去追求灵感，不要坐等灵感的到来。

（5）鼓励学生尝试，培养学生创新思维。培养学生创新思维能力的一个重要方法就是让学生有尽可能多的机会去尝试和实践，因为只有在不断的尝试和实践中，学生才会体会到创新的乐趣，体会到创新成功的成就感。

尝试教学以尝试为核心，过程分为准备练习、出示尝试题，自学课本，尝试练习，学生讨论，教师讲解，第二次尝试练习等六个步骤。与常规教学相比，更有利于学生创新思维能力培养。第一步"准备练习、出示尝试题"是学生尝试性活动的准备阶段，通过对基本练习、尝试题的掌握，有利于培养学生思维的敏捷性；第二步"自学课本"，根据教材特点，围绕教学目的，安排学生自学课本，有利于培养学生思维的逻辑性；第三步"尝试练习"是尝试活动的主体，要求学生主动地去思考、探索，有利于培养学生思维的灵活性和独创性；第四步"学生讨论"，学生在自由争辩中，摆出思维过程，检查思维结构的正确性，发挥互相帮助的作用，有利于培养思维的批判性；第五步"教师讲解"，为确保学生系统地掌握知识，教师针对学生感到困难的地方，对教材的重点进行讲解，讲清知识结构，讲清解题规律，有利于培养学生思维的深刻性；第六步"第二次尝试练习"，为了进一步检验学生掌握新知识的情况，在教学中安排第二次尝试练习，改变练习题，可以加强学生对知识的全面了解，有利于培养学生思维的准确性。

生动活泼的尝试教学方法是培养创新思维能力的一个好方法。通过学生自己的不断尝试，在学习过程中，使创新思维的内容得到进一步巩固，在不知不觉中，学生的思维水平逐渐提高，而且能增强学生的学习积极性和课堂教学的趣味性，使学生创新思维能力的培养收到好的效果。

四、创新综合能力培养

（一）合作组织能力培养

创新活动（或项目）的完成大都要靠集体的力量，较大的创新活动（或项目）还要涉及多专业、多部门的人员，耗用大量的时间和精力，这就需要创新活动（或项目）的组织者要有较强的组织管理能力，每一位创新参与者都要有一定的协调配合能力。创新者的合作组织能力强，往往能够大大地节省时间和开支，很好地完成任务。因此，合作组织能力的培养是创新能力培养的重要组成部分。

（二）沟通攻关能力培养

1. 沟通程序

良好的沟通程序能使你的交往保持良性循环，助你创新创造迈向成功。沟通常有以下基本程序：

（1）微笑。沟通首先必须发出友好的信号即微笑。微笑是沟通的桥梁，情感接纳的信号。微笑能给人们带来温暖，促进相互理解。

（2）认同。认同就是认识上的同化，即找出双方对某一事物的共同认识和感受，或一方被另一方的认识和感受所同化的过程。有认同才会产生共鸣和步调一致。当发出微笑的信号后，就可以向对方做出"没话找话"说，"没事找事"做的反应，这就是认同行为。认同什么并不重要，重要的是与对方自然接触。

（3）谈兴。有了共同的感兴趣的话题，就可以交谈了。要保持谈兴，一要耐心倾听并及时鼓励对方谈下去。表示认同感时可以说"我也这样认为"，表示不同意见时，口气要委婉，不要破坏对方谈兴。二要在倾听双方谈话时，使用应答语，如"嗯""哦""是吗""真的"等，双方才能更有兴趣地谈下去。三是作为讲话人时，注意不要在人多的场合与人争执问题，要讲真话，并"投其所好"。

（4）感谢。人与人沟通交往要珍惜友谊，学会感谢。要多想想别人对你的帮助和好处；要寻找机会在其他朋友处谈论曾帮助过自己的人，以增强对别人感激之情；要直接向自己的朋友表达感激之情。总之，要养成感谢的习惯，态度要诚恳，发自内心，同时注意不卑不亢。

2. 沟通技巧

沟通是信息由沟通者向接受者传递的过程，在这个过程中，常常会发生这样那样的障碍，使信息不能畅达。因此，应当注意沟通技巧。

（1）提高沟通技能。平时要加强口头表达能力和文字表达能力的锻炼，加强与人交往技巧训练。坚持按书面或口头表达信息的方式进行沟通，以缩短"信任差距"，建立相互信任的气氛。

（2）明确沟通目的。认清沟通的目的有助于清晰表达自己的意愿和意图。沟通之前应自我检查沟通目的，在认清目的的同时，还应认清这次沟通对沟通对象的意义何在，他能获得什么，沟通时双方最需要得到的东西是什么。因此，沟通时应多为对方考虑，不能以自我为中心。

（3）慎用语言文字。沟通中尽量使用通俗易懂的语言，尽量避免使用容易产生分歧的语言。在沟通实践中不断提高语言和文字表达能力，从别人风趣、得体的话语中吸取"营养"，提高自己的表达能力。

（4）注意面谈细节。细节决定成败。面谈细节决定沟通效果。面谈的细节包括声调、语气、节奏、面部表情、身体姿势和轻微动作等。不同的坐姿、站相、手势，潜在地反映一个人的个性、气质、态度，在严肃的场合跷着二郎腿与人交谈，会使双方感觉到不够严谨，有碍于情感的交流；正式讨论问题时，衣冠不整、姿势不雅，会使对方感觉到不受尊重，从而影响别人对自身的评价，进而产生沟通障碍。沟通中应随时注意沟通细节，以有效地达到沟通目的。

（5）充分利用反馈信息。沟通中要多听取信息接收者的反馈意见，以了解接收者对传递的信息是否真正了解。鼓励对方反馈信息可以这样说，"你能为我提供更多有关的情况吗？""我认为……你认为呢？""你的看法如何？""还有其他想法吗？""对，请继续说下去。""还有什么呢？"等等。这样接受者一般会乐意把反馈信息表达出来。

（6）克服不良习惯。沟通中要努力克服自己的不良习惯。不良习惯通常有：对沟通对象所谈的主题没有兴趣；被对方姿态所吸引，却忽视了对方谈话内容；当听到与自己意见不同的地方就过分激动，不愿再听下去；仅注意事实，而不注意原则和推理；过分重视条理，而对欠条理的人说话重视不够；过分造作掩饰，装腔作势，而不重视真情实意；注意力不集中，分心干别的事，心不在焉；一边听别人讲话一边思考与此无关的别的问题，以致顾此失彼。这些都是在沟通中的不良习惯，应当加以克服。

（三）实践操作能力培养

科学发展史证明，凡是在发明创造上有建树的人，大都具有不同凡响的实践操作能力。

凡是心理正常的人都会产生一些创新的想法，不少人有时产生的想法相当有价值，甚至已经思考出了创新方案，但绝大多数由于缺乏实践操作能力而不能付诸实践。有的虽拿出成果但非常粗糙，给人以创新未成功之感。因而自己以为已"判死刑"，而别人接着做下去却能拿出完美成果。缺乏实践操作能力的人总是半途而废，造成遗憾。

1. 实践操作能力的主要类型

实践操作能力大致可分为语言与写作能力、设计能力、绘图能力、工艺制作能力、实验能力、数学建模能力等。

（1）语言与写作能力。语言写作主要指的是某创新方案以语言或文字来表达，以供人们鉴别理解或作为创新成果完成的一种形式。创新方案或思想在许多情况下要用语言或文字表达。特别是在有些创新成果需要用论文、报告或书籍的形式呈现出来的时候，如果创新者的语言写作能力不强，是很难完成这些任务的。创新者的语言和写作应具有严密的逻辑性，论证充分，结论明确，语言简练、精确、清晰、完整。

（2）设计能力。设计能力是指某创新方案确定后，用现有的物品、技术和条件，通过合理的计划、安排、分析、计算等实现创新方案的能力。通常用图纸、文字、数学、模型、电子计算机程序等形式表现出来。创新者必须具备一定的设计能力，掌握与设计有关的专业知识和设计程序、绘图方法，用计算机进行设计的操作技能，等等。

（3）绘图能力。绘图能力是指某创新方案用语言文字难以表述清楚，而用绘图表示创新方案的功能。绘图能力的提高主要是掌握绘图方法和有关规定。各个专业领域有各种不同的图纸表示法，如工艺美术、建筑、公用设施、服装、机械、化工、电气等图纸表示各有不同，创新者应根据自己从事的创新专业领域，掌握有关的制图方法。

（4）工艺制作能力。工艺制作能力是创新者的工艺知识和实际制作能力。创新活动往往需要创新者亲自动手将自己的创新方案做出模型或样品，只有制作出样品或模型才能进一步进行实验。同时，制作出样品还可以为投入工业生产提供模型，这就需要创新者有一定的工艺知识和实际制作能力。

（5）实验能力。实验能力是指创新者能善于选择实验方法、实验设备和仪器，合理地设计和布置实验，会操作和观察、记录和分析的能力。实验能力是创新者必备的最重要的能力，几乎所有的创新者都要通过实验来完成，有时甚至要做成千上万次实验。为此，创新者应熟悉掌握有关的实验方法和各种实验用的设备和设施、仪器和工具，能动手设计和制作专用的实验用具，合理运用实验方法。

（6）数学建模能力。现在有许多学科已经由定性描述进展到定量描述，即进行数学建模。数学建模不仅比较深地介入到了自然科学技术的几乎各个领域，也已介入社会科学的众多学科，如经济学、人口学、管理学、历史学、哲学、文献检索等，这就要求创新者必须具备数学建模能力。

2. 实践操作能力的培养路径

实践操作能力培养应把握以下几方面：

（1）增强实践操作的自觉意识。创新活动中的操作带有新颖性、独创性和探索性。创新者应不断增强实践操作的自觉意识，没有良好的操作能力，就难以将自己的优秀设想、出色方案付诸实施。

（2）掌握实践操作的基本知识。实践操作是一个复杂的过程，操作应以相应的知识和经验为基础，如果不掌握有关的基本知识，操作过程就会因缺少预见性和计划性、方向性和步骤性而使创新活动半途而废。因此，创新者必须熟练地掌握实践操作的基本知识。

（3）保持实践操作的进取心态。进取心态有助于人们积极思考操作中存在的问题，思考操作目的是否明确、操作方法是否合理、操作步骤是否具体、操作过程是否完善等，反复思考，以便发现问题、分析问题和解决问题。

（4）形成实践操作的良好习惯。实践操作能力要以知识的理解为基础，并且经过反复的训练和实践才能形成。因此，创新者应勤于实践，反复练习，形成实践操作的良好习惯，以提高实践操作能力。

案例

颠覆式创新：微信驱逐短信

在微信出现之前，大众所认为的社交方式是面对面与电话短信。观念是人的思维方式中非常重要并相对稳定的因素，一种观念一旦形成后就会对人的实践活动起着指导和制约的作用。所以，人们在各种创新活动中往往要受到已有观念的影响和制约。观念创新是在创新活动中，有利于创新目标实现的观念转变，也就是人们日常所说的转变观念或更新观念。相对于实际的创新活动来说，观念创新往往导致事半功倍的效果。

科技的发展让人类社会通信交流的方式发生了改变，短信曾经是运营商重要的产品业务之一，而时至今日，我们多久没有使用短信了呢？上一条短信又是在何时发送的？而曾经风靡的彩信业务，你是否还有印象呢？逐渐消失的短信背后，是微信的崛起。

2010 年前后，张小龙看到了一款手机应用——Kik messager，能够免费发送短信是该应用吸引用户的要点。张小龙由此展开联想：这会是一个风口，为什么腾讯不推出属于自己的产品来占据此类市场呢？他向腾讯的创始人马化腾发送了邮件，微信的故事就此展开了。

而当时的腾讯，将重点放在手机 QQ 上。马化腾在《商业周刊》的采访中曾提到，他其实清楚地认识到了开发这样的新产品，一定会伤及 QQ 的手机版。但如果腾讯不做这样的产品，别的企业还是会去做。思虑再三过后，马化腾提出让张小龙自己找人组队，并给了张小龙 1 亿元人民币的初始资金。

微信的大获成功让人惊叹。张小龙在 2019 年开年的公开课中感叹道："想到那封邮件，我时不时会觉得有点后怕，如果那个晚上我没有发这封邮件，而是跑去打桌球去了，可能就没有微信这个产品了，或者是公司另一个团队做的另一个微信。"

移动互联网技术的迅速发展让人们获取信息、进行表达和享受交往都开始通过手机进行。时代的移动互联正在塑造一种全新的社交方式与社交生活——熟人社交。而直到2018 年，尽管微信业务的成功有目共睹，但仍然有无数公司在前仆后继地尝试熟人社交。但在熟人社交这件事情上，腾讯已经成为一座高山，后续其他企业的尝试几乎都是注定的悲剧。

毕竟早在 2000 年，腾讯就创建了中国人真正意义上互联网熟人社交的开端——QQ。同为腾讯旗下的产品，微信的定位是移动版即时聊天软件，通俗意义上来说可以将微信看作 QQ 的移动版。而微信的成功之处在于，好用且被用户选择并且每天长时间使用。微信已经成为麦克卢汉所说的，能够作为一个媒介成为"人体的延伸"。

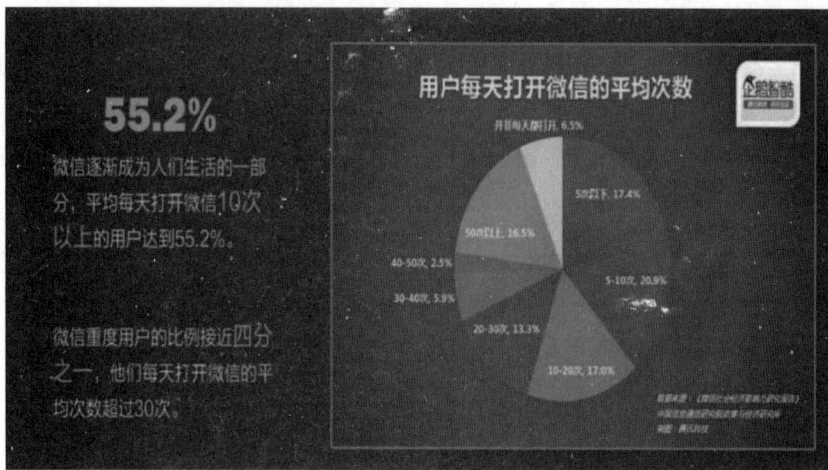

图片来源：企鹅智库《微信平台数据研究报告》

　　微信成了真正的移动互联网熟人社交——交谈是需要经过验证和允许的，通常是认识的人之间的。对于熟人社交的强调是微信的一个重要起点，张小龙在公开课里说，他们在最开始甚至不去推广微信——这两点都保证了微信社交网络在一开始都是维持在一个熟人社交圈里。"我们当时特别庆幸做了几个很正确的决定，第一我们没有批量导入某一批好友，而是通过用户手动一个一个挑选。"

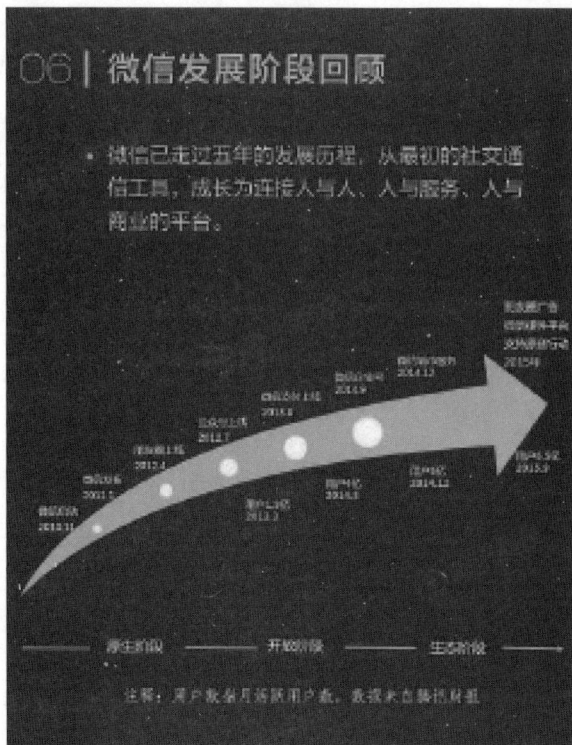

图片来源：企鹅智库《微信平台数据研究报告》

微信是屏蔽了垃圾短信的熟人社交,而且是免费的,这对用户来说已经是巨大的需求,而对移动运营商的短信而言,这是一个巨大的颠覆式创新。

今时今日,手机短信早已是骗子们的失乐园,失乐园里只有他们自己。相比于微信需要验证的社交形式,短信的弱势之处在于,它的形态天然允许垃圾短信的存在,而微信这样屏蔽了垃圾短信。或许,这就是张小龙能够彻底颠覆运营商的短信业务的一个重要原因。

而微信的朋友圈则是构建出强大的社交网。在微信出现之前,原本人与人之间在网络中都只是单线联系,但是有了微信的朋友圈,人与人之间就变成一个更密集的网络关系,微信的每个开通朋友圈功能的用户都成了这张密集网络中的一个重要节点。这样的网络,让熟人社交稳固的同时,也成就了微信在熟人社交领域的地位。

而当网络大到一定程度,自然会背离熟人社交。张小龙提及的"广场"是政治学意义上的概念,意为"公共空间",张小龙也看到了朋友圈正在偏向于真正意义上的公共空间。"大家想要逃离他的一个点,正因为它是个广场,你去点赞或者是评论意味着你在广场里面公开大声地说了一句话,意味着广场很多人都可以听到,这样带来的压力感是比较强的。"他说。

从熟人社交,到熟人社交圈,到偏向公共空间的"广场"的诞生,这的确是张小龙所创造的,相信即便站在20年后甚至50年后回头来看微信这个产品,都仍能感觉到它开创时代性的意义。

短信诞生于2G时代,随后的3G、4G时代,短信几乎被微信取代了。三大运营商宣布计划推出5G消息。面向个人用户,5G消息提供点到点的消息和群聊服务,除了支持文本外,还支持图片、音频、视频、位置、联系人等多种媒体格式。面向商业用户,5G消息提供个人与应用间的服务,也就是"消息即服务"。

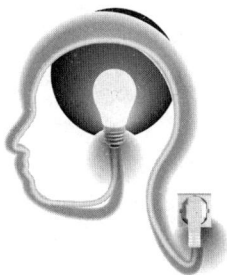

第三章　创业管理

目前，我国正处于社会经济转型的关键时期，新时代的企业必须要认识创业战略的重要性，实施好的创业战略有利于企业设计、生产产品和市场化、分销产品，而创业管理则可以保障企业能够有序地参与市场竞争，保障企业的稳健发展。本章对创业思想、创业计划、创业环境与类型、创业误区与创业风险、创业者与企业家精神进行全面探讨。

第一节　创业思想

一、创新与创业者应具备的品质

（一）诚信

十大财富品质，5分为满分，"诚信"以4.9分当仁不让地成为企业家的"立业之本"，是企业家最看重的财富品质。调查结果表明，几乎所有的上榜企业家都认为"诚信"非常重要，对这个品质的认可，在年龄、行业等方面都无任何差异。

一些创业企业为了获得眼前利益有时会违背商业道德，其实这是一种最短视的行为。只有卓越的产品质量、良好的客户服务，再加上诚实无欺、信守承诺等可靠的社会信誉，企业才能赢得众多客户的信任，它的前途才会一片光明。也许，凭着某些特质，有些人会很快致富，但是要想维持事业的不断发展和财富的继续增加，诚实和信誉是最重要的品质。要对股票持有者诚实守信，对职工诚实守信，对供应商和客户诚实守信。只有这样，才不会出现一夜暴富，财富又转瞬即逝的情况。一个人拥有良好的信誉就如同拥有一笔无形无价的财富，只要你会去经营它，不要去损害它，那它就是取之不尽用之不竭的财富宝藏，你可以一辈子享用它。不论是你认识的还是不认识的人，他们都会尊重你，乐于和你交往，乐于和你合作。合作的前提就是讲信用，讲信誉可以反作用于合作，使得合作更加顺利；讲信誉的双方更加容易合作，合作的双方在合作后会更加相信对方，双方的信誉都会得到增加。要与别人合作，一个基本前提就是要守信用。假如甲有管理才能，乙有一笔资金，有了这两个条件，两人就有合作可能了。但是两人未必就能合作成功，还必须有一个信任关系。比如甲拿了钱，得让乙相信他不会挪作他用，更不会逃之夭夭。所以，我们东方最早的信贷关系是发生在本家族之内，需要有可靠的保人。

守信之人，别人就愿意与他合作。因为信用也是一种力量，守信用之人，他的自我是坚定的、稳固的、纯真的，体现了一种理想人格的道德力量和意志力量，这种力量能赢得对方的钦佩、信赖和支持。与人合作，守信是第一大原则。守信，会使人对你产生敬意，也因之会使人愿意公平地与你合作。和一个不守信用的人合作，考虑到有失信的危险，人们通常会把合作的费用提高，这中间的出入，就是诚信的价值。

（二）把握机遇

"如果缺少诚信的品质，你的一切都将化为乌有；如果缺少把握机遇的能力，机遇在你面前却抓不住，你将是一个傻瓜。"福布斯富豪榜排名第 71 位的天津家世界集团董事长杜厦如是说。读书不仅为了知识充电，更为了搭建高品质的人际关系并从中寻找商机。即使是哈佛商学院的毕业生，在总结读书的收获时，也把"建立朋友网络"放在第一位，能否赢得财富的关键在于能否把握机遇。

（三）刻意创新

具有创新精神，才能让创业者发挥自己的潜能，打破各种条条框框，开创新的局面。美国《财富》杂志 2002 年下半年连续刊载了 11 位白手起家的百万富翁自述的发家史，这些富翁分布在金融、IT、传媒、零售、快递、体育等各个行业，他们亲手创下的企业如今都已成为世界上赫赫有名的大公司。细读他们的故事可以发现，这些了不起的创业者都有一个共同的特点，即都是靠点子起家，凭着自己的奇思妙想，敢想敢做别人认为不可能的事，并且执着于自己的信念，才创下了百万、亿万的财富，甚至对某些行业和领域的发展产生了至关重要的影响。有关专家指出，新经济的本质就是创新，就是促使个人的潜能得到充分利用，要鼓励所有人在一切可能的方向上创新，创新与速度是新经济的真正内涵，是市场竞争的不败法则。

（四）脚踏实地

创业是一种需全身心投入的事业，积极的态度和务实精神才能创业成功。在这个过程中，没有人会给创业者部署安排，没有人会给创业者决策计划，面临困难、问题、危机，创业者只有积极努力、脚踏实地地奋斗，才有可能取得创业效益。某些创业者热衷于投机取巧、钻空子，牟取暴利。的确，在社会转型期，不仅存在大量的漏洞，也提供了大量的机会，在某种情况下，抓住偶然的机会，通过灵活的手段，是可以在短时间内取得较高的利润，甚至可能是一本万利，一夜暴富。

但把企业的发展完全寄托在投机取巧、钻空子上，风险是极大的，也不可能实现企业持续稳定发展。而务实永远是企业发展的主题，创业者必须建立自己的实业，建立自己过硬的"拳头"产品，取得市场和消费者实实在在的信赖和认可，这才是企业长盛不衰的重要保证。

（五）终身学习

人类已步入知识经济新时代，终身不断学习，将越来越成为人们生存和发展的第一需要，学习将无处不在、无时不有，成为一种重要的生存方式和生活方式，同时也必将成为人们追求幸福与财富品质的主要诱发因子及原动力。当今时代，就业结构已发生显著变化，人们的职业和岗位变动愈加频繁，一次性学校"充电"、用于一辈子工作中"放电"的时代已成为历史。终身学习的价值就在于培养一种学习习惯，使得人生各阶段都能获得相应的学习机会，不断提升学习者自身能力和素质，才能应对知识经济和信息、高新技术的挑战，这对于个体在社会中找到生存位置并不断发展自我有着重要的意义。

（六）勤奋

勤奋几乎是所有成功企业家的普遍特征，企业家在巨大热情或美好远景的鼓舞下，身先士卒，勤奋不辍，恰如为其事业引擎源源不断地加满汽油，无论雨雪风霜，都将赋予其不断前进的无穷能量。看一看，那些具有勤奋品质的人，面对任何工作总是全力以赴、追求卓越，不断以高标准激励自己，力求每次都交出一份最佳的成绩单。他们持之以恒的勤奋努力，终将带领他们驶向成功的目的地。

（七）领导才能

一个成功的创业者应当具备决策能力、理财能力、预见能力、经营能力、创新能力、交际能力和聚合能力等领导才能，并拥有一批坚定的追随者和拥护者，使组织群体取得良好绩效。领导才能已日渐成为衡量创业成功的重要标识，正直、公正、信念、恒心、毅力、进取精神等优秀的人格品质无疑会大幅度提升领导者的影响力和个人魅力，从而扩大其追随者队伍；领导者的个人价值观会吸引具有同类价值取向的人凝聚于组织，增加对组织的认同感和归属感。具备优秀价值观和人格的领导者使组织成员对其产生敬佩、认同和服从等心态，其影响力、凝聚力无疑会提高；良好的沟通和聚合能力则是领导能力的桥梁和翅膀，沟通使领导者能够更加准确地了解信息，防止盲目，沟通和聚合还使领导行为具有良好的合作氛围和渠道，在准确传达领导者意见、要求、决策的同时，也广泛传播了领导者的影响力。

（八）锲而不舍

固执，意志力坚强，勇往直前，努力不懈地向目标前进。执着的创业者个性坚定，做任何事都非常有毅力，坚韧不拔，有无比的耐性和持久性，执着能够产生创办企业的激情。创业的道路充满坎坷，无论是面对成功还是失败，创业者都必须有执着和坚韧不拔的品格。综观每个成功企业的创业，都是在创业者的领导下，经历了一次次的失败后才取得成功的。在失败面前创业者要坚韧不拔、矢志如一，在成功时创业者也要坚韧不拔、矢志如一。这一条为许多创业者及大公司的领导者所忽略。"失败乃成功之母"，善于汲取失败的教训是不少创业者能够做到的，但如何在成功面前保持清醒的头脑，如何坚定不移地不断开创新的局面，是成就大业的创业者需要重点考虑的问题。

（九）直觉

直觉是运用已有的经验和知识，对问题从总体上直接加以认识和把握，以一种高度简练、浓缩的方式洞察问题的实质，并迅速解决问题或对问题做出某种猜测的思维形式。直觉在寻求商机和科学发现等创新行为中具有极为重要的作用，直觉是一种内在本能，但本能不是天生的，来自于经验的积累。通过以往的工作经历，善于总结各种经验，对宏观、微观经济形势以及各种商业运营的态势，做到心中有数，善于把握做生意的基本技术和技巧。这样，对商机和市场的判断，创业者就可以在很大程度上靠自己的丰富的想象力、直觉和灵感，并且应是正确的时候多于错误的时候。因为，所谓的直觉其实就是经验和水平的一种厚积薄发的表现。

（十）冒险

当一个机会突然出现的时候，风险肯定也随之而来，机遇和敢于冒险首当其冲，只有敢于冒险才能果断地抓住机会，而胆子大则是其中的关键，胆子大就是有勇气承担风险，这种特质在转折时刻至关重要。比如，你需要放弃从前的工作和稳定的收入，时间的紧张、信息的匮乏以及害怕亲友失望的顾虑，都会给创业者的选择带来更大的压力。

二、创新与创业者应具备的素质

随着信息化和全球经济一体化的快速发展，新一轮的资源再分配以及高新技术的不断拓展，未来的管理不确定因素将更为复杂，更具瞬时性和挑战性。对于一个创业者或管理者来说，必须具备优秀的创业素质，才能开创生命力旺盛的宏伟事业。创业素质是个综合性很强的概念，其内涵深刻丰富而且具有广泛的外延。对创业素质的界定众说纷纭。如1992年，美国的一个研究部门对数千名企业老板与最高管理层人员的调查结果显示，创业家（或企业家）最重要的 20 项素质与能力按重要程度排列顺序如下：

（1）财务管理经验与能力；

（2）交流与人际关系能力；

（3）激励下属的能力；

（4）远见与洞察能力；

（5）自我激励与自我突破；

（6）决策与计划能力；

（7）市场营销能力；

（8）建立各种关系的能力；

（9）人事管理的水平；

（10）形成良好企业文化的能力；

（11）行业及技术知识；

（12）领导与管理能力；

（13）对下属培养与选择能力；

（14）与重要客户建立关系的能力；

（15）创造性；

（16）组织能力；

（17）向下级授权能力；

（18）个人适应能力；

（19）工作效率与时间管理水平；

（20）技术发展趋势预测能力。

　　全球创业管理教育和研究最著名的商学院美国百森学院企业管理研究中心主任、著名的管理学专家威廉·D. 拜格雷夫曾将优秀创业者的基本禀赋归纳为 10 个"D"：理想（dream）、果断（decisiveness）、实干（doers）、决心（determina-tion）、奉献（dedication）、热爱（devotion）、周详（details）、命运（destiny）、金钱（dollar）和分享（distribute）。荣获年度"美国俄亥俄州青年企业家"的美国创业家，同时也是著名演说家的马丁·J. 格伦德，认为成功创业者的"九大素质"分别是：选择一个爱好，制定一个目标，拿着薪水学习，与成功者为伍，相信自己，以己之长发财致富，敢于提问，不循规蹈矩、不墨守成规和努力工作等。

　　事实上，创业者的表现形形色色，成功的途径各有千秋，有关创业者素质的界定也不尽相同，但综观中外成功创业者走过的道路，下列基本素质应该是共同具备的。

（一）创造性思维素质

创造性思维素质是指能够以较高的质量和效率获取知识，并能根据市场需求灵活运用所学知识开发出新产品和新技术的思维方式。创造性思维素质不仅注重对知识的学习能力，更强调发现问题和解决问题的能力。长期以来，偏重于知识的传授、记忆和吸收的教育方式，忽略创造性思维素质培养，造就了大批"高分低能型人才"，这对创业型人才的培养极为不利，这是高等教育应该深刻反思的问题。

（二）经济与管理素质

创业者不仅要精通本专业的知识，更需要具备经济头脑和管理素质。科技必须应用于生产，生产出的产品或服务必须适应市场需要，在这一过程中，开发、生产和销售必须符合市场原则和机制，创业企业才有生存和发展的可能，这必然涉及资源配置、预测决策、经济分析、经济核算、成果转让、成本费用等一系列经济问题。同时，在激烈的市场竞争中，企业目标是要追求利润最大化，在这一目标引导下，企业不仅要靠产品、技术来追求效益，更要靠科学管理来提高效益，正所谓"管理出效益"。因此，创业者必须掌握现代管理的理念和方法，能从系统整体观念出发，统筹、协调、控制和优化各项资源。

（三）法律意识和素质

市场经济本质上就是法治经济。随着市场经济的逐步成熟与完善，相关法律规范已经渗透到经济领域生产、交换、分配、消费的各个环节和层面。加入WTO、与国际市场接轨、风险投资、企业股份制改造、法人治理结构的建立以及各类新型市场的培育与发展都离不开法律，具备法律素质、懂法并善于用法已是人才素质结构中不可或缺的重要元素。创业者必须熟悉和了解市场、社会和企业等内外部环境的法律法规及其运行机制，更为重要的是要能以法律为武器，规范自己和企业的行为，保护自己和企业的合法权益。

（四）修养与心理素质

创业者还必须具备良好的政治思想素质、道德情操与心理素质，具体表现为：天下兴亡、匹夫有责，胸怀全局，脚踏实地，谦虚谨慎、戒骄戒躁，富有理想，乐观与自信，有紧迫感，勇于面对风险，坚韧的毅力，等等。这些潜质在校学习期间就应当得到培育与塑造，其意义不可估量。心理健康可以使人心情愉快、精力充沛、头脑敏锐、想象丰富、行为协调，可以从根本上提高工作效率，激发创造性。

三、企业家的创新精神

知识经济形态的核心是以智能为代表的人力资本，以高技术为代表的技术知识和以科技为中心构造的新生产力系统。随着知识经济的兴起，企业家的管理将逐渐步入知识管理阶段，这种革命性的变革，必然引起企业经营管理思想、管理精神的一系列创新。

（一）时代呼唤企业家理念创新

1. 确立信息化管理、知识化管理的新思想

20世纪80年代以来，随着通信和计算机技术的迅速发展以及在企业经营管理中的普遍应用，企业家经营管理的信息化、知识化趋势不断加快。一般来说，信息化管理是指在企业中加大信息化设备的投资，实现企业经营管理信息的搜集和开发、处理、存储、传输、分配以及利用的规模化、工业化的过程。由于信息化的推进，带来了企业的全面变革，使知识日益成为成功经营的关键性内生因素。

知识管理的外延和内涵远比信息管理要丰富得多。知识一般可分为四种类型：知道是什么的知识（know-what）、知道为什么的知识（know-why）、知道怎样做的知识（know-how）和知道是谁的知识（know-who）。其中前两类可称为"可实现编码的知识"，即信息；后两类可称之为"隐含经验类知识"。

在知识经济时代，"隐含经验类知识"变得更加重要，因为它属于人们的认识能力，隐含于人的能力和活动效率之中，是不可编码的，因此在知识管理中应努力创造条件，使信息与人的认识能力、特别是人的隐含类知识有机结合，使人的潜能得以有效释放，有效率地实现企业的经营管理目标。

为了实现企业家的知识管理，企业在经营管理中应该努力做到以下几点：

①重视人的知识化，把员工的学习和素质提高作为企业家经营成功的关键要素和有效工具。在知识经济中，员工的工作越来越依靠于其掌握的编码化知识和隐含经验类知识的技能，企业自身正在变成一个学习型组织，教育将是企业家知识管理的中心。

②实现知识共享，运用集体的智慧提高企业家的应变和创新能力。在信息化、知识化管理中，将打破传统企业在分工上的官僚等级制，重新设计企业的价值流程和结构，重新对不同岗位的员工及领导者进行定位，使这些有不同教育和文化背景的文化人实现积极合作，共同享用对企业家经营管理至关重要的知识，在共享知识中实现企业的快速发展。

③建立能为知识共享和信息交流提供方便的基础设施的网络。为公司内部和公司间的竞争对手的合作创造技术设施条件，使企业家对内对外都能够实现快速准确的交流，在科学、工程、产品开发、生产和市场销售之间进行反馈。

2. 树立"知识是关键生产要素"的新观念

随着信息经济、知识经济的兴起，许多成功企业的范例告诉我们，知识在现代企业家经济活动中，已成为企业的内部生产要素，成为经济长期增长的关键因素。

为此，企业家必须改变传统落后的观念，树立创新的观念和思维模式：

①加强人力资本投资。即教育和培训方面的投资必须成为企业家投资的重要组成部分。据美国的一项针对企业家的调查显示，对职工培训每投入1美元就能收到50美元的效益，劳动者文化素质越高，劳动生产能力就越大。必须把"以人为本"的立足点与核心放在人的知识、能力的提高和潜在创造力的培养方面。

②建立和完善研究与开发机构。应当建立和完善研究与开发机构，以便结合经营进行知识创新和知识应用，推进企业的技术创新。目前许多企业机构庞大，非经济人员过多，而研究开发机构缺乏或形同虚设，必须从企业家经营的战略高度给予重视和改变。

③尊重知识，尊重人才。要充分认识到科技人才是知识的创造者，是实现企业家知识经济和知识管理的决定性因素。企业家要建立良好的研究开发条件和激励机制，调动科技人员的积极性和创造性。一是要加大研究开发投入经费；二是建立按业绩大小的分配机制，以实现知识生产要素的合理回报；三是可考虑实行多种形式的知识技术入股，建立个人收入与经济增长有机结合的递增机制和风险机制。

④重视知识产权。要改变过去那种只重有形资产，轻视无形资产的观念，特别要强调对知识产权的保护和利用。

3. 以人为本创新经营管理理念

在知识经济时代，随着大规模生产被灵活的生产者网络所代替，大规模无差异市场营销正让位于个性化的市场营销，使企业家在经营管理中把对人的关注、人的个性释放及人的个性需求的满足推到了空前的中心地位。企业与市场正在逐步建立一种新型关系，向消费者提供一种个人化的销售和服务。美国许多大公司正在建立消费者个人数据库和信息档案，与消费者建立更为个人化的联系，许多人认为这种个人化的数据库将成为公司重要的经营手段。这种个人化的服务要求企业建立快速提供信息、灵活生产的生产经营体制，多品种、中小批量混合生产正在成为生产方式的主流，计算机技术和现代管理技术在生产管理中得到综合应用。

生产方式、生产手段和生产过程的变革正在带来生产管理模式的更新，使企业的生产组织、计划、协调和控制正在发生一场革命。"虚拟"企业大量生成，灵活的网络形成动态组合，使企业具有机动灵活能力，以适应快速变化的市场。这种以知识为核心，以信息化为结构体系的生产经营管理更加强调企业的团队文化和文化人的参与，强调合作精神和社会责任。因此，可以说，知识经济是更人性化的经济，是以人为本、最终促使人获得全面发展的经济。

4. 改变传统资产的狭隘观念

传统工业经济时代，企业家的经济活动以有形资产投入为主体，如劳动力、土地、设备、厂房、原材料等，有形资产的投入起着决定性作用。虽然西方发达国家在100多年前已经开始重视知识产权等无形资产的作用，但是从来没有像今天的知识经济时代这样如此加速资产无形化趋势。以无形资产投入为主已经成为知识经济时代的重要特征之一，目前美国许多高技术企业的无形资产已超过了总资产的60％。无形资产的升值惊人，同时带来社会价值观的变化，拥有更多知识的人可以获得高报酬。无形资产的高增值性，成了经济增长的主要源泉。近年来，美国经济增长的主要源泉就是5000家软件公司，它们对世界经济的贡献不亚于名列前茅的500家世界大公司。

知识、信息、能力等无形资产之所以日趋成为企业资产，尤其是高新技术企业资产的主体，根本原因在于这些无形资产具有其特有的增值性，而这是有形资产所不能比拟的。一个企业家所拥有的无形资产越多，其经济实力和潜力也就越大。因为，无形资产是有形资产发挥潜能的杠杆。科技含量高的无形资产可以使有形资产生产的附加值大大提高，是有形资产增值的启动器和推动器。在知识经济运行中，无形资产可以成为有形资产的替代物，独有的知识和信息、智能可以起到有形资产不能起的作用，为企业带来垄断优势和市场利益。受过专门训练、经验丰富、智商高超、熟悉管理和市场的专家，可以为企业带来创新的优势，实现企业的快速成长和发展。由于知识经济的作用，产品中蕴含的知识量成为竞争的基础和决定胜负的关键，无形资产的比重和地位日益提高，知识产权被提升到了空前的高度，企业家所拥有的知识优势正在成为企业家竞争中最有力的武器。因而必须要重视无形资产：

①必须强化无形资产意识，用法律保护无形资产。企业家应当建立专门机构负责无形资产的创新、设计、引进、应用的管理。

②要对无形资产进行科学评估，为无形资产投资交易和共享创造依据，为企业资产的流动创造产权量化条件。

③加大无形资产投资，积累和扩大无形资产的价值和使用价值，不断拓展无形资产的范围，特别注重对知识产权类和流通领域的无形资产的积累和投资。

④特别要注重对人力资本中无形资产的积累和开发使用。通过教育和培训，提高人力资本的知识含量，以提高人力资本的效率和增值能力。

总之，应当根据经济发展和竞争的变化，以无形资产的增量去带动有形资本存量效能的提高。

（二）企业家精神的实质

熊彼特在《经济发展理论》中阐述创新对经济增长的推动作用时，分析并充分肯定了企业家在创新中的关键地位。他把企业家看作是资本主义的"灵魂"，是生产要素"新组合"的主要组织者和推动者。

德鲁克认为企业家是革新者，是勇于承担风险，有目的地寻找革新源泉，善于捕捉变化，并把变化作为可供开发利用的机会的人。

企业家是企业创新中独特而又关键的角色。但是，哪些人是企业家呢？业主、股东、经营者还是发明家？判断企业家的根本标准是：他们是否能有效运用资本和技术等生产要素，并把要素组合起来实行创新。企业家的创新职能是通过打破经济的"循环流转"，通过对超额利润的追逐来实现的。

1. 企业家精神的实质就是创新

熊彼特认为，企业家之所以能成为生产要素新组合的组织者，是因为他们具有如下的"企业家精神"：

①企业家的首创精神。

②企业家的成功欲。企业家"有征服的意志，战斗的冲动，证明自己比别人优越的冲动，他求得成功不仅是为了成功的果实，而是为了成功本身"。

③企业家甘冒风险的精神。企业家"有创造的欢乐，把事情做成功的欢乐或者只是施展个人能力和智能的欢乐。这类似于一个无所不在的动机……这类人寻找困难，为改革而改变，以冒险为乐事"。但他们决不盲目冒险，他们更愿意冒那些他们认为能够控制结果的风险。

④企业家的精明理智和敏捷。企业家"为了他的成功，更主要地与其说是敏锐和精力充沛，不如说是某种精细，能抓住眼前的机会，再没有别的"。

⑤企业家的事业心。企业家注重事业，注重领导才能的发挥，注重取得信任并确保计划的可行性，以说服银行家提供资本。

这些特征和精神综合起来塑造了推动创新的企业家。

从以上分析可知，企业家精神可以归结为三要素——创新精神、竞争力和社会责任感。其中，首要的是创新精神，创新精神是人类创新本能的深化和加强，这一本能体现在人类追求成功、亲善、新知以及自利的基本动机中。创新精神是创新的真正源泉，是经济发展的主要动力。企业的创建就是企业家创新精神的最好体现。在创业初期，企业还没有形成完整的企业文化时，企业家精神就是这个时期的企业文化，这是凝聚创业团队的宝贵精神财富，更是初创企业生存和发展的关键要素。

2. 企业家精神与制度

创新每个人身上都或多或少具有潜在的企业家精神，但这种精神并不是自然而然就能显现和发挥出来的，需要相应的人文环境和制度设计。例如，西方社会的新教伦理所提倡的创新、追求获利和吃苦耐劳的价值观，就为企业家精神的大量涌现和资本主义的蓬勃发展奠定了意识形态上的基础。企业家追逐创新的基本动力是超额利润的可得性，如果在现行制度下企业家无法从创新收益中获利，创新的动力就会衰减，或者企业家就会转移。例如，落后地区常失去其出色的企业家资源，主要原因之一是其制度环境不能为企业家提供必要的创新保障，于是，只要有条件，他们就会向更易于发挥其创新精神的环境迁移。

在一个创新的重要性不断凸显的时代，具有创新精神的企业家的价值在不断提升。于是，企业家寻求合理的制度创新，使其人力资本收益内在化的动力也越来越强。事实上，对具有创新精神的企业家才能的发现过程就是一个制度不断创新的过程。一个国家，一个社会，越是能提供保护企业家人力资本的制度创新，就越能激发整个社会中的企业家供给量，而企业家也就越愿意对自身的人力资本进行投资，不断增强自身的企业家素质和创新能力。

第二节　创业计划

创业计划也称商业计划，或称创业计划书。它是由创业者拟订的一份书面计划，用以描述新企业的外部要素及内部要素。它是一份全方位的创业项目计划，是从企业内部人员、制度、管理到企业产品、营销、市场等各个方面对一个创业项目所进行的可行性分析。

创业计划是创业者在创业初期筹资的一项重要活动，也是一种重要手段。它是对拟建企业进行宣传和包装的文件，它向风险投资商、银行、客户和供应商宣传企业及其经营方式，同时又为企业未来的经营管理提供必要的分析基础和衡量标准。

创业计划既是一份吸引投资者投资的宣传书，同时也是一种业务构思的文本文件，更是创业以后指导公司运作的指导书。一个酝酿中的项目往往很模糊，通过制订创业项目计划书而考虑正反两方面的理由，然后再逐条推敲，这样就能对这一项目有更清晰的认识。可以这样说，创业计划首先是把计划中要创立的企业推销给了创业者自己。因此，创业计划对创业者、潜在的投资者，甚至是新员工的招聘都很有价值。他们通过创业计划来熟悉这个新企业并了解它今后的发展目标。因此，创业计划是整个创业过程的灵魂。

一、创业计划的编制

编制创业计划主要考虑六个方面的问题：一是关注产品。创业计划书中应提供所有同企业产品或服务有关的细节。这些问题包括：产品正处于什么样的发展阶段？它的独特性怎样？企业分销产品的方法是什么？谁会使用企业的产品，为什么？产品的生产成本是多少，售价是多少？企业发展新的现代化产品的计划是什么？这样出资者就会和创业者一样对产品产生兴趣。创业计划书对产品的阐述要让出资者感到惊讶：

"噢，这种产品是多么美妙、多么令人鼓舞啊！"二是分析竞争对手。竞争对手都是谁？他们是如何工作的？竞争对手的产品与本企业的产品相比，有哪些相同点和不同点？竞争对手所采用的营销策略是什么？每个竞争者的销售额、毛利润、收入，以及市场份额是多少？在此基础上再讨论本企业相对于每个竞争者所具有的竞争优势。要向投资者展示，顾客偏爱本企业的原因是本企业的产品质量好、送货迅速、定位适中、价格合适等。三是了解市场。创业计划书要对目标市场进行深入分析，细致分析经济、地理、职业以及心理等因素对消费者选择购买本企业产品这一行为的影响及其作用。四是表明行动的方针。创业计划书中应该明确下列问题：企业如何把产品推向市场？如何设计生产线，如何组装产品？企业生产需要哪些原料？企业拥有哪些生产资源，还需要什么生产资源？生产和设备的成本是多少？企业是买设备还是租设备？解释与产品组装、储存以及发送有关的固定成本和变动成本的情况。简述公司销售策略。五是展示管理队伍。在创业计划书中，应描述一下整个管理队伍及其职责，然后再分别介绍每位管理人员的特殊才能、特点和造诣，细致描述每个管理者将对公司所做的贡献。创业计划书中还应明确管理目标以及组织机构图和管理人员的配置。六是出色的计划摘要。计划摘要从计划中摘录出与筹集资金最相关的细节，包括公司内部的基本情况、公司的能力，以及局限性、公司的竞争对手、营销和财务战略、公司的管理队伍等。这是一种简明而生动的概括。如果公司是一本书，它就像是这本书的封面，做得好就可以把投资者吸引住。

二、创业计划的结构

创业计划应具有完整性——条理清晰、重点突出、力求简洁、相关数据真实和准确，能有效展现创业运营项目全貌。

（一）项目概述

项目概述包括公司背景、市场机会、市场调查及分析、领导力等内容。

第一，公司背景。一方面，阐述创建公司是应势而生、顺势而为，可为经济社会发展提供价值，说明公司名称、主营业务，简要描述公司产品（含服务）、竞争优势、预期财务成果等；另一方面，阐述创建的公司相对于竞争对手所拥有的竞争优势。

第二，市场机会。阐述市场中存在的市场空缺，并描述出这个市场空缺有多大；描述具体的商业想法，阐述商业想法如何满足客户需求。

第三，市场调查及分析。简要阐述行业现状与前景、市场规模及增长趋势、目标市场以及目标客户、行业竞争现状、市场销售预估等。

第四，领导力。提供一份项目负责人个人介绍，证明创业者具备创业能力、领导力等其他特质。

（二）公司介绍

简要阐述公司的市场机会、商业创意、业务类型、法律架构、注册信息、股权结构、团队构成、公司宗旨／使命、创业项目创新之处等。

第一，市场机会。市场机会是指市场上存在的尚未满足或尚未完全满足的需求。

第二，商业创意。商业创意主要是指经营项目的创意来源与可行性。

第三，业务类型。业务类型主要是指项目所处的行业，如零售业、批发业、服务业及制造业等。

第四，法律架构。法律架构亦称法律形态，主要有个体工商户、个人独资企业、合伙企业、有限责任公司、股份公司及非营利机构等。对于新创企业，一般以创业团队形式进行创业。

第五，注册信息。对于注册资金，其多少取决于新创企业所选择的法律形态。对于注册地点，可充分利用国家、省、市及各类院校创业园减免房租这一优惠政策，把创业工作室选择在创业园，减少新创企业运营成本。

第六，股权结构。股权结构是指股份公司总股本中，不同性质的股份所占比例及其相互关系。

第七，团队构成。团队构成从创业视角看主要是指创业人员的团队构成。人是构成创业团队最核心的力量，三个或者三个以上的人就可以构成团队。

第八，公司宗旨／使命。公司宗旨从根本上讲就是新创企业所从事的事业，又称使命。

第九，创业项目创新之处。创业项目创新之处因项目而异，可以是产品（含服务）上的创新，也可以是商业模式、营销方式等方面的创新。

（三）产品与服务

1. 产品／服务介绍

产品／服务是指能够提供给市场，被人们使用和消费，并能满足人们某种需求的任何东西，包括有形的物品、无形的服务或它们的组合。

2. 客户价值

从新创企业为客户提供的价值角度看，客户价值即从客户的角度来感知企业提供产品（含服务）的价值。从客户为企业提供的价值上看，即从新创企业角度出发，根据客户消费行为和消费特征等变量测度出客户能够为新创企业创造的价值。该客户价值衡量了客户对于新创企业的相对重要性，是新创企业进行差异化决策的重要标准。

（四）市场分析

第一，市场调查。市场调查主要是指运用市场调研方法，获得目标市场规模、目标客户特征、同类产品竞争对手优劣势、产品营销策略等相关信息。

第二，市场定位。市场定位是指确定新创企业及其产品在目标市场上所处的位置。具体来说，是指新创企业根据竞争者现有产品在市场上所处的位置，针对顾客对该类产品某些特征或属性的重视程度，为本企业产品塑造与众不同的形象，并将这种形象生动地传递给顾客，从而使该产品在市场上确定适当的位置。

第三，市场规模。市场规模即市场容量，主要是指目标产品或行业的整体规模。

第四，竞争对手分析。竞争对手分析是指新创企业通过某种分析方法识别出竞争对手，并对他们的目标、资源、市场力量和当前战略等要素进行评价。

第五，核心竞争优势。核心竞争优势，即新创企业相较于竞争对手所具备的竞争优势与核心能力差异。

（五）营销策略

营销策略是指创业者根据创业项目特点，分析目标客户特征，运用 4P 营销理论，制定恰当的价格，选择合适的渠道，制定适合新创企业产品的营销推广策略。主要包括：经营目标、价格、销售地点／渠道、推广方案及月销售估计等内容。

（六）生产运营计划

生产运营计划主要涉及创业生产资源准备和生产过程的运行安排。创业生产资源准备主要包括创业生产场地资源、创业生产设备资源和创业生产政策资源。生产过程的运行安排主要包括生产工艺流程（组织和分析、流程图绘制）产品采购过程（采购过程包括收集信息、询价、比价、议价、评估、索样、决定、请购、订购、协调与沟通、催交、进货验收、整理付款）、生产能力安排、生产库存控制、生产质量控制（质量管理体系、代表性质量环）。

（七）公司战略与管理

公司战略是对企业各种战略的统称，是通过一种模式，把企业的目的、方针、政策和经营活动有机地结合起来，使新创企业形成自己的特殊战略属性和竞争优势，将不确定的环境具体化，以便较容易地着手解决这些问题。公司战略既包括竞争战略，也包括营销战略、发展战略、品牌战略、融资战略、技术开发战略、人才开发战略、资源开发战略等。

团队管理是指在一个组织中，依据成员工作性质、能力组成各种小组，参与组织各项决策，以提高组织生产力和达到组织目标。团队成员一般具备专业背景，如市场营销、财会、人力资源管理等专业人员。创业团队成员尽可能做到专业互补、各有所长、分工明确。

（八）财务分析

创业意味着投资，投资效益通过财务指标反映出来。对于新创企业，主要需了解收入分析、成本分析、利润分析、投资回报分析四方面内容，确保创业项目财务分析准确可信。

1. 收入分析

（1）单位销售价格预估。单位销售价格是指平均每一个数量单位的产品在市场的销售价格。

（2）销售数量预估。销售数量预估是根据对目标客户潜在购买需求的全面分析，新创企业在一个时期内的市场销量预测。

2. 成本分析

总成本的表达式为：总成本＝营业成本＋期间费用＋折旧。

营业成本是指生产产品、提供服务时，直接发生的人工、水电、材料物料费等。

期间费用是指新创企业本期发生的、不能直接或间接归入营业成本，而是直接计入当期损益的各项费用，包括销售费用、管理费用和财务费用等。

折旧按照法律规定的年限计算。

3. 利润分析

利润分析是分析新创企业如何组织收入、控制成本费用支出、实现营利的能力，以此评价新创企业的经营成果。

4. 投资回报分析

（1）启动资金测算。启动资金是指创立业务时（公司开业之前）一次性支付的资金。

（2）融资渠道。创业资金关乎新创企业存亡，多种资金来源渠道是新创企业发展的源头活水。

（3）财务关键点。判断拟办的新创企业的盈利能力和发展水平需要计算若干财务关键指标，包括盈亏平衡点、投资回报率、投资回收期等指标。

（九）风险识别及防范

风险识别及防范是指客观分析创业项目可能面临的技术、市场、管理、财务等风险问题，并提出合理可行的规避措施，以及风险资本退出方案。

三、创业计划的分类

按照不同分类标准，创业计划可以分为多种类型。在编写过程中，创业者应该根据具体情况调整结构，增删要素和议题，采用灵活多样的形式使创业计划更为有效。具体分类如下：

第一，根据行业特点，创业计划可分为高新科技创业计划、传统产业创业计划等。

第二，根据创业计划编制目的，创业计划可分为吸引风险投资的创业计划、创业规划性创业计划等。

第三，根据创业计划应用环节，创业计划可分为微型创业计划（执行摘要类的）工作型创业计划、提交型创业计划等。

第四，根据创业内容，创业计划可分为显示核心技术的创业计划、重点在市场定位的创业计划、定向于销售的创业计划、以生产制造为基础的创业计划、有收购意向的创业计划、提出问题或问题解决方案的创业计划、财务金融方面的创业计划。

第五，根据创业计划的结构和篇幅，创业计划可分为略式创业计划（概括式）详式创业计划（详细式）等。

略式创业计划是一种比较简明、短小的计划，它包括新创企业的重要信息、发展方向以及少部分重要的辅助性材料。略式创业计划内容通常为 10 ～ 15 页。一般来讲，略式创业计划主要适用于新创企业申请银行贷款、吸引投资人投资兴趣等。

详式创业计划内容一般为 30 ～ 40 页，并附有 10 ～ 20 页的辅助文件。在这样的计划中创业者能够对整个创业思想做一个比较全面的阐述，尤其能够对计划中的关键部分进行较详细的论述。详式创业计划主要应用于寻求大额风险投资，详细探索和解释新创企业的关键问题等。

四、创业计划的重要性

创业绝不是无风险的淘金行动，任何一个创业者在投资前都应该有一个详细的创业计划，准备好应对困难的投资策略，未雨绸缪，方能临阵不乱。很多创业者仅仅凭自己的经验，就贸然投资创业，这样做的风险实在太大。经验不等于计划，经验只是对过去的总结，而计划则是在经验基础上的展望。在资金不足的情况下，创业计划显得尤为重要。

创业计划是创业的行动向导和路线图，既为创业者开展创业活动提供指导，也为创业者寻找创业资源提供基本依据与决策参考。没有创业计划而贸然创业是十分危险的。创业计划是企业创建、经营管理、战略布局以及融资等经营活动的蓝图和行动指南，更是新创企业的行动纲领和执行方案。创业计划是采用国际管理通用的标准文本格式的项目建议书，是全面介绍公司和项目运作情况，阐述产品市场及竞争、风险等未来发展前景和融资要求的书面材料。具体如下：

第一，创业计划能够帮助创业者厘清创业思路。在创业过程中，各种生产要素是分散的，各种信息是凌乱的，各种工作是互补衔接的。而创办企业是一项系统工程，需要对产品定位、市场细分、启动资金需求做一个整体设计。明晰针对什么客户卖什么产品，生产这些产品所需要的资金量有多大，这些问题都需要落实到创业计划书上并做出逐一解答。通过编写创业计划书，梳理思路，进行调研，完善信息，找到各种程序之间的衔接点，最终把各种资源有序地整合起来、调动起来，围绕着创造和形成商业利润，进行最佳要素的组合。这种整合，才能把各种分散的资源聚拢起来，形成一种增量资源，才能获得明显的经济效益。每一位创业者或者准备创业者在创业之初都会对新创企业的发展方向以及经营思路有一个粗略的设想，但如果把这一设想编写成规范的创业计划，则会发现自己要从事的事业并非如所设想的那样容易。比如，资金不足或市场增长率低等，有些时候还不得不放弃创业的念头。创业计划可以使创业者严格地、客观地、全面地从整体角度审视自己的创业思路，明确经营理念，以避免因企业破产或失败而可能导致的巨大损失。

第二，创业计划能够完善新创企业的经营理念。经营理念是企业发展的生命力。通过创业计划梳理，凝练出新创企业经营的秘诀或是发展之道，进而提升到经营理念高度，最终形成所有人员能够认同的价值观，以此引领新创企业精神风尚。在研究和编写创业计划的过程中，经常会发现经营机会并不完全与所期望的一样。此时，创业者会根据实际情况采用不同的策略使创业活动更加可行。因此，创业计划的编写过程就是创业者进一步明确自己的创业思路和经营理念的过程，也就是创业者从直观感受向理性运作过渡的过程。

第三，创业计划能够帮助创业者树立创业信心，有效管理新创企业。编制成功的创业计划可以增强创业者的创业信心。这是因为创业计划提供了新创企业全部现状及其发展方向，又提供了良好的效益评价体系及管理监控标准，使创业者在管理新创企业的过程中对新创企业发展中的每一步都能做出客观的评价，并及时根据具体的经营情况调整经营目标，完善管理方法。一份完美的创业计划书，可以增强创业者的自信，使创业者明显感到新创企业更容易控制，对经营更有把握。因为创业计划提供了新创企业全部的现状和未来发展的方向，也为新创企业提供了良好的效益评价体系和管理监控指标。创业计划书使得创业者在创业实践中有章可循。

第四，创业计划能够向投资者推介新创企业发展成果以及预期成效，并且增强投资者的信心。创业计划一个非常重要的功能就是吸引创业合伙人、吸纳创业投资资金，将新创企业做大做强。资金是新创企业的血液，是创业的要素，是拟办的新创企业能够获得快速发展和崛起的前提。拟办的新创企业要获得风险投资的支持，其中一个重要的途径就是从审验创业者的创业计划开始。写好创业计划具有获得风险投资支持的不可代替的作用，因而创业计划必须回答合伙人、投资者极为关心的新创企业发展态势、营利水平和投资回报等关键问题。

创业计划作为一份全方位的项目计划，对即将展开的创业项目进行可行性分析，向风险投资商、银行、客户和供应商宣传拟建的企业及其经营方式，包括新创企业的产品、营销、市场及人员、制度、管理等各个方面，在一定程度上也是企业拟建的对外进行宣传和包装的文件。一份完美的创业计划不但会增强创业者自己的信心，也会增强风险投资家、合作伙伴、员工、供应商、分销商对创业者的信心。而这些信心正是新创企业走向创业成功的基础。

第五，创业计划能够阐明新创企业发展的投资战略，减少新创企业运行成本。创业计划是创业全过程的纲领性计划，是创业实践的战略设计和现实指导。压缩成本并提高利润是新创企业赖以持久生存发展的诉求。凡事预则立，充分整合新创企业运行各关键环节涉及的人、财、物等资源，准确计量，严格控制，在保障质量和效益的前提下，最大限度地减少成本。因此，创业计划对创业实践具有非常重要的指导作用。从投资角度来看，创业计划要能够给出投资的项目定位、周期以及回报等长远发展的计划或方案，以利于投资者战略布局和调控。

第六，创业计划可以强迫自己为制订的计划和行动提供理由，展示创业者的能力与决心。在通常情况下，人们决定做某一件事情，可能因为从来都是这么做的，很少考虑其中的原因，而计划则强迫给出理由，从而明确经营的目标。好的创业计划是一份令人赏心悦目的文件，它可以向局外人，例如，有关的领导人和供货商表明创业者怎么做生意，同时也表明对新创企业的全力投入。

创业计划是分析和描述创办一个企业所需各种因素的集合，其目的是通过撰写计划对新创企业自身进行自我评估，对创业前景有更加清晰的认识，并且期望通过计划获得风险投资者的风险资本。创业计划，是创业者圆梦的决心，是开创新业绩的战表，是一份全方位描述创业整体设想的文件，是一份关于创业设计的冷静的战略思考，是创业者展示自身才华的一种表达和诉说，是创业者获得风险投资支持的必备要件，是脚踏实地的商业计划，是创业崛起的行动纲领。

第三节　创业环境与类型

一、创业环境概述

创业环境分析是发现创业机会的基础，是进行创业可行性分析的前提。随时变化的环境，能给创业者带来机遇，也能给创业者造成威胁。创业者必须清楚宏观的、微观的及行业的等各种环境因素和发展趋势，以及对具体行业、企业的影响是限制性的还是促进性的。只有这样，创业者才能抓住机遇，成功创业。

（一）创业环境

1．创业环境的概念

创业环境，是指围绕创业者的创业和发展的变化，并足以影响或制约创业行为的一切外部条件的总称。它一方面指影响人们开展创业活动的所有政治、经济、社会文化诸要素，另一方面指获取创业帮助和支持的可能性。

创业环境是这些因素相互交织、相互作用、相互制约而构成的有机整体。创业者的创业过程并不仅依靠某一方面的推动，也不仅是某一种因素作用的结果，它的运作需要环境各方面的支持。

2．创业环境的特征

（1）整体性

创业环境是一个由各要素相互作用、相互联系而组成的有机整体，创业环境的各要素也是相互联系、相互影响面存在的。创业环境具有整体性的特征，在研究创业环境的时候，应该运用系统的原则和方法，从整体的角度来考察创业环境，不能割裂各要素之间的联系，要从创业环境的整体角度去研究个体要素的表现。

（2）主导性

在创业环境的各要素中，总有一个或几个要素在某一阶段的发展中居于主导地位，即在创业环境这个整体中规定和支配着其他要素。因此，对主导要素的研究具有特别重要的意义。

（3）可变性

区域环境和创业环境都是不断发展变化的，这些变化包括经济结构的调整、政治制度的优化、市场需求的变化、消费水平的提高等。这些都极大地影响着创业环境，使创业环境始终处于不断变化的过程之中，并且逐步趋于完善。

（4）差异性

差异性是指地区的差异。创业环境是个空间概念，所在的区域不同，内容也不尽相同。区域政治、经济、文化等方面的差异，决定了创业环境的地区差异。

（二）创业环境的分类

创业环境可以从多个角度进行分类，基本的分类如下：

1. 按创业环境的构成要素分类

从宏观层次看，创业环境可以分为经济环境、政治法律环境、科技因素、商务环境、教育环境、社会文化环境以及自然环境等几个方面。

2. 按创业环境的层次分类

创业环境是有层次的，形成一个分级系统。宏观环境指一国或一个经济区域范围内的创业环境，中观环境是指某个区域或城市、乡镇的创业环境等，微观环境是指企业的文化氛围、团队合作精神、创新精神等。

3. 软、硬环境之分

硬环境是指创业环境中有形要素的总和，如有形基础设施、自然区位和经济区位；软环境指无形的环境要素总和，如政治、法律、经济、文化环境等。

硬环境是创业的物质基础，软环境在创业过程中变得越来越重要。而且在一定时期内，硬环境的变化是有限度的，而软环境的改善能够弥补硬环境的缺陷，提高硬环境的效用，最终成倍提高整体环境的竞争力。

二、创业环境分析的意义和方法

创业环境分析的目的在于使创业者能适应市场环境，寻找成功的创业机会。因而，创业者必须利用相应的分析方法对创业所面临的创业环境进行分析和评价。

（一）创业环境分析的意义

创业环境的基本要素对创业活动产生了重要的影响，促进了创业机会的产生和创业能力的增强。创业机会与创业能力相结合，就会产生创业活动，创业总是在一定的政策环境和市场环境中进行的。创业者必须对环境有深刻的了解，并采取相应的对策，才有利于保证创业成功。具体的意义体现在以下 3 个方面：

1. 通过研究创业环境，指导创业

创业活动可以被看成是一个开放的系统，创业活动和其所处的环境是相互作用、相互影响的。创业者获取资源以及在市场上竞争都离不开其所处的环境。通过对创业环境的研究，了解创业环境为什么能影响创业活动，从而为创业者评估自己的创业能力和环境因素提供一定的理论参考。

2. 通过研究创业环境，规避创业风险，提高创业的成功率

创业者创业活动的成功率在整个世界范围内都不高。出现这样的结果，除了创业者自身的能力有限、创业资金不足等因素外，更重要的是创业环境的影响，如政府服务意识不强、法制环境不健全、社会服务化程度低等。所有这些都严重影响创业企业的生存和发展。因此，通过对创业环境的研究，阐明创业环境是如何影响创业活动的，可规避

创业风险，提高创业的成功率。

3. 通过研究创业环境，完善社会服务功能，建立有效的创业环境支持体系

创业环境对创业的影响最终表现在创业的成功率上。在创业的过程中，一部分创业者成功了，更多的创业者失败了。分析其深层次的原因，主要是创业环境的各个方面对创业活动的影响程度较大。并且不同的因素对创业的影响程度不同，同一环境因素在创业的不同阶段，也会产生不同的影响。因此，正确评估创业环境的影响程度，可以完善社会服务功能，从而建立有效的创业环境支持体系。

（二）如何正确认识创业环境

1. 融资分析

通常创业启动资金有 6 种来源：个人投资、朋友借款、合伙投资、银行贷款、政府支持、风险投资。基于学生经济基础薄弱、社会经验少、人际资源小、能力有限等特点，资金来源的多少和获取难易度都因此受到影响。

2. 市场分析

目标市场定位与竞争战略是创业前战略思考的重中之重，创业者首先要弄清商机在哪里？自己的市场在哪里？自己能从现有的或潜在的竞争对手手里赢得多少市场份额？如何实现？

为避免盲目创业，创业者必须对创业方向以及创业项目进行深入细致、全面、客观的市场调研。只凭创业者自己的主观臆断或片面了解做出决策，往往会导致创业失败。市场调研包括对市场现状、市场进入门槛、客户群体特征、市场规模、市场需求、成长性等各种因素的调查和分析。只有掌握了客观、充分的资料，创业项目的选择、市场定位、明确产品或服务、市场营销决策等才能有据可依。

3. 资源分析

在创办企业前，为了充分利用各种有效资源，还应就人脉资源、产业优惠政策、外部环境资源等方面的资源进行整合，从而思考企业定位。

（1）人脉资源整合是资源整合中的重中之重。整合到大量有效的人脉资源就意味着吸引到更多的人才、资本、技术等。

（2）利用产业优惠政策资源。要对现阶段相关的国家政策、区域政策进行认真的解读和充分的利用，分析其中是否有行政审批、免费资源、资金扶持等方面的优惠政策和资源。

（3）分析外部环境资源。根据企业特点，了解周边环境对创业有哪些有利帮助，当地的基础设施条件、人力资源供应条件、政策环境条件如何？有无政策咨询、融资渠道、

技术专家、营销顾问等社会资源可用等。

（三）创业环境分析的方法

SWOT 分析模型即态势分析法，于 20 世纪 80 年代初，由美国旧金山大学的管理学教授韦里克制定，适用于从企业内部和外部收集资讯，分析市场环境、竞争对手，并制定企业战略。

三、影响创业的宏观环境因素

宏观环境对企业的影响作用是间接的，但其影响也是巨大的，因为这些因素是企业无法控制的。因此，创业者必须了解或熟悉相应的宏观环境因素，以适应环境，把握机遇。

（一）政治环境

与创业活动密切相关的政治环境，主要包括政局、国家政策等，它们是企业生存发展的前提条件之一。

1. 政局

政局是指某一国家的政治制度、外交政策、战争、执政党更换、政府更迭、要员更迭、政策巨变、社会治安恶化、罢工、暴乱、压力集团活动、民族矛盾，以及社会动乱等情况。

2. 国家政策

国家政策是任何一个企业都必须遵守的准则。当国家在一定范围内调整或改变某项政策时，企业要相应调整经营目标和策略，因为政策分析是制定企业发展规划的基础。

（1）政策持续性分析

政策持续性包括政策的稳定性和政策变化趋向的一致性两个方面。各种政策总有一定的稳定性，创业者应对各种政策的稳定性做出合理的预期，以便更好地在国家政策允许的范围内从事创业活动。但由于各种条件总在不断地变化，政策的制定者会根据变化的环境重新制定政策或及时调整、修订政策，因而各种政策总有一定的变动性。创业者应对各种政策的变化趋向，做出合理的预期，分析各种政策是否会一直向着有利的方向发展。

（2）信贷政策

创业往往离不开银行的贷款支持，即使大型跨国公司也需要向银行贷款。任何企业总有资金周转不畅的时候，市场机遇常常需要迅速集中投入，因而国家和银行对待大众创业的信贷政策会直接影响企业创业成功。

（3）税收政策

税收政策对于吸引投资、鼓励创业、保护创业和促进经济发展有重要作用。为了鼓励大众创业和保护大众创业，发达国家普遍实行优惠的税收政策，以减轻创业者的创业风险。

（4）财政补贴

为了鼓励中小企业发展，政府不仅采取优惠的税收政策减少收税，而且通过财政补贴方式，以税养企业。

（5）技术创新政策

技术创新政策对于促进科技人才创业、促进中小企业技术创新有着重要的作用。

①孵化支持。建立企业孵化器是鼓励技术创新的重要措施，也是技术创新政策的体现。所谓企业的孵化器就是协助创建高新技术企业的系统，由政府给予资金、技术、人力、物资等多方面的支持，以求把高新技术企业迅速有效地培育起来。企业孵化器有助于将科研成果尽快转化为生产力。经济发达国家的科技成果转化率达到了50％左右，美国硅谷的转化率高达70％以上。

企业孵化器分为以下4个级别：

一级孵化：又叫项目孵化，孵化对象是高新技术的研发成果，目的是使科研成果商品化、产业化，创建新的中小型高新技术产业。

二级孵化：又叫企业孵化，孵化对象是培育成功的中小科技型企业和创业者。

三级孵化：又叫大孵化，从二级孵化阶段进入科技园区向大型科技企业发展。

四级孵化：又叫跨国孵化，通过高新技术园区的国际企业孵化器及其海外孵化基地，孵化成外向型高新技术企业，引入在国外尚未产业化的高新技术，实现跨国经营。

企业孵化器与企业是一种有偿服务的关系，企业进驻孵化器后，双方签订孵化协议，互相制约。在创业中心有条件和双方自愿的条件下，创业中心可以参股。创业中心也可以自我孵化，创办企业。

②法规支持。

③财政支持。

（二）社会环境

社会环境包括人口结构、社会文化环境等。

1. 人口结构

人是市场的主体，是企业经营活动的基础和最终对象，人口的变化意味着市场规模的变化、市场结构的变化。人口总数及其增长速度决定了潜在市场和现实市场的规模，但居住不同地区的人群，由于地理环境、气候条件、自然资源、风俗习惯的不同，消费需求的种类和数量也不尽相同，购买习惯与行为也存在差异。同样，年龄结构不同，对商品和服务也会产生不同的需要，形成各具特色的市场；性别不同，需求也就不同，而且购买习惯与行为也有很大差异。

2. 社会文化环境

任何企业的经营活动都必须处于一定的社会文化环境中。所谓社会文化环境，是指一个国家、地区或民族的传统文化，通常由价值观念、信仰、风俗习惯、行为方式、社会群体及相互关系等内容构成。社会文化环境是影响人们欲望和行为的重要因素。人们在不同的文化背景下生活，建立起不同的观念和信仰，遵循不同的行为规范，因而也具有不同的购买理念，从而导致不同的购买行为。企业只有全面了解社会文化环境，认真、准确地判断和分析消费者所处的社会文化环境，才能较准确地把握消费者的需求，从而正确选择自己的目标市场。

（三）科技环境

科技环境包括社会科技水平、社会科技力量、国家科技体制、国家科技政策和科技立法，它们直接或间接地影响创业活动以及新创企业的生产经营。因为科学技术的发展决定社会生产力水平，一种新科技的出现，必然导致新的产业部门的出现，使消费对象的品种不断增加，范围不断扩大，进而使消费结构发生变化。

（四）自然环境

创业者考察自然环境的目的是要分析周围的环境及资源是否适合创业项目的发展，能否提供该行业所需的资源条件。同时，随着人们环保意识的增强，可持续发展已成为全球关注的战略问题，许多国家或地区已经制定了相关的环境保护法。因此，创业者必须顺应可持续发展战略的要求，在生产经营中保证不破坏自然环境、不浪费资源，以实现企业利益、消费者利益、社会利益及生态环境利益的和谐统一。

（五）法律环境

法律是市场经济条件下规范企业经营行为的准则，国家的法令法规，特别是关系到经济活动的立法，不仅规范企业的行为，而且会使消费需求数量和结构发生变化，能鼓励或限制某些产品的生产和销售。

（六）行业环境

不同的行业由于所处的发展阶段不同，行业特征以及经济特性都是不同的。这些特性将直接决定企业所选择进入的行业，以及所要生产的产品能否为企业带来可观的利润，甚至关系到企业的生死存亡。行业分析的目的在于通过了解行业基本竞争情况及潜在的发展机会，以便创业者做出正确的投资决策，尽量避免投资失误和资源浪费。

1. 行业生命周期

每一个行业发展所经历的周期可以分为 4 个阶段：孕育阶段、成长阶段、成熟阶段和衰退阶段。从本质上看，行业的生命周期是由该行业生产所使用的关键技术的成熟程度决定的，而技术同样也具有生命周期，从萌芽、生长、成熟至老化。对创业而言，不同的行业发展阶段所带来的机会和威胁是不同的。

（1）孕育阶段

此时，行业生产的关键技术尚处于研制过程中，消费群体不明确且规模很小。

在这个阶段，存在大量的创业机会，先进入者拥有制定行业、生产、技术标准的优势，但同时也存在很大技术风险、市场风险。

（2）成长阶段

在该阶段的前期，行业刚刚形成，现有企业的规模小、产品少，但给创业者的机会多。随着关键技术逐渐成熟，企业纷纷进入，行业规模迅速扩大，投放到市场上的产品数量大、品种多。由于这一阶段的市场需求增长较快，所以带给创业者较多的机会。

（3）成熟阶段

这一阶段是行业稳定发展的阶段，企业间竞争激烈，实力弱的企业或被兼并或被淘汰出局，实力雄厚的大企业拥有较高的市场占有率。由于已趋于稳定需求，因而这一阶段留给创业者的机会十分有限。

（4）衰退阶段

这一阶段是行业逐渐消亡、衰落的阶段，许多企业纷纷退出，由于市场需求下降，原有产品逐渐被新产品替代。这一阶段的市场机会微乎其微，创业者应尽量回避。

2. 行业壁垒

创业者进入一个行业之前，必须对进入这一行业的障碍有所把握。一个行业的进入壁垒越大，潜在进入者就越难进入。影响或阻碍潜在企业进入的行业壁垒主要有以下方面：

（1）规模经济

无论进入哪一行业，创业项目都必须具备相应的生产规模，否则难以达到一定的盈利水平。

（2）产品差异

产品差异是顾客对某产品所形成的消费偏好。如果存在诸如品牌偏好、风俗偏好或口味偏好这样的产品差异，新进入企业要耗费大量的成本费用进行品牌建设、产品定位、广告宣传等工作，以建立新的差异，改变顾客对原有品牌的忠诚度。不然，企业将无法销售其产品，甚至会导致亏损。

（3）顾客品牌转移难度

顾客品牌转移难度指顾客对老品牌的信任和偏爱的程度。顾客对于熟悉品牌的依赖程度越高，就越难接受新品牌或根本不进行尝试，这样的行业是难以进入的。

（4）所需投资量的大小

进入某一行业所需的投资量的大小，除由行业最低经济规模和合理经济规模决定之外，还由该行业技术复杂程度决定。一个行业所要求的生产经营技术越复杂、技术难度越大，则进入的企业在开发新产品、试制生产和商品化工作方面需要的费用也就越多。所需投资越大，该行业就越难进入。

（5）转换成本

转换成本不仅包括进入一个新的行业在固定资产、工艺设备的改造和原材料供应转换以及新员工培训等方面所花费的费用，而且包括心理转换成本。所谓心理转换成本，是指新进入企业往往需要比现有企业提供更好的产品、更低的价格，或者给予顾客更多的免费服务项目，否则难以使顾客接受新产品。心理转换成本越高，该行业就越难进入。

（6）销售渠道限制

如果进入一个行业不能利用原有的销售渠道，就必须花费一定的费用建立新的销售渠道。这方面的费用越高，该行业越难进入。

（7）资源的稀缺性

如果某一行业所使用的资源，如原材料、劳动力、设备等供应充足，就比较容易进入，相反，在资源短缺的行业，新企业的加入则意味着该行业的资源更加短缺。这种稀缺性越强，该行业就越难进入。

（8）技术进步速度

技术进步速度将直接影响产品的生命周期，面企业能否跟上技术进步的速度则直接决定了其产品能否在市场上受到消费者的欢迎。尤其是对于一些技术含量对产品的影响比较大、技术的更新换代比较快的行业，如计算机行业，企业能否跟上技术进步的速度则更是决定了企业的生死存亡。一个行业的技术进步速度越快，新产品替代老产品的时间越短，该行业就越难进入。因为这对创业者的新产品开发工作构成极大的挑战，创业者可能还没有开发出该行业原有的老产品，产品就可能由于技术进步的原因步入了成熟或衰退期，而使企业的获利受到影响，或者使行业内其他企业新开发的产品对现有市场产生冲击。

第四节 创业误区与创业风险

一、创业常见误区

（一）毫无准备，仓促上阵

现实生活中很多人不是从自己的实际情况出发，面是看着创业成功者头顶上的巨大光环而走上创业之路的。他们的创业热情很高，创业冲动欲很强，看别人创业赚得盆满钵满，也想一试身手，但他们只是凭一时冲动，仓促上阵。

创业是一门技巧性很强的艺术。希望通过冲动求得成功，本质上就是一种投机行为，仓促上阵必将狼狈下马。一个优秀的创业者在创业前心里要装着整个项目，熟悉里面每一个构成元素，需要在市场、技术、资金、设备、服务等诸多资源上做精心准备，并且能够自由驾驭、统筹调配，均衡内部关系，使之达到一个最具战斗力的状态。如果创业者缺乏理智，对未来估计过于乐观，藐视风险，那么一旦危机出现，创业者就不知道如何应对。

（二）缺少创新，盲目跟风

目前经济快速增长，创业者的发展空间、挣钱门路很多，但也造成同质化的企业众多，创业路径选择也多有雷同，竞争程度激烈。在这种情况下，创业者必须寻找和发现合适的竞争空间，寻求特色产品或服务，从而在市场的夹缝中求得生存。

创业不同于出去打工，打工一般都能找到活干，自己也不费什么心思。创业就不同了，创业要靠自己的智力与能力，将资本、原料、技术、知识、管理等要素转变成创造性的生产活动。创业者必须分析市场，找到切入点，才能在竞争激烈的市场中分得一份属于自己的"蛋糕"。

（三）瞻前顾后，畏缩不前

与激情式的创业不同，有些毕业生在创业时，总是觉得自信心不足，怀疑自己是否有驾驭项目与风险的能力，害怕赔钱，不敢投资，不敢聘用员工。在这种消极心态作用下，机遇与幸运也就与其擦肩而过。经验来自不断地摸索与积累，创业者必须接受市场竞争的挑战，因为只有竞争过才会知道自己与对手的差距。即使创业遇到"瓶颈"，创业者也要有能力调整计划及整体策略，适应环境的变化，这样才能持续立于不败之地。

新东方教育集团创始人俞敏洪曾打过一个比方："创业是把一条家狗变成一只狼的

过程。一旦开始，很难有回头路。"狼的生存比家狗要艰难得多，但它有野性，敢于挑战。创业者也是这样，要有一种在未知的道路上探索的精神，千万不要对你的能力产生怀疑。瞻前顾后、患得患失、当断不断是创业的大忌。自古以来，没有无准备而取得胜利的军队，却有敢于冒险而获胜的将军。如果条件成熟却犹豫不决，机会就会擦肩而过。大家都知道，苹果公司自从发售了 iPad 后，就开始生产智能手机和平板电脑，接着又推出了一款可穿戴技术产品 Apple Watch。这家曾经只经营电脑业务的公司，现在已然成为消费电子行业的巨头。如果苹果公司当初畏缩不前，不适应变化，只是埋头生产电脑，结果会怎么样呢？

（四）为了赚钱，不计后果

创业不仅是一种生活方式的选择，也是一种高尚的精神追求。但有些人的创业动机不纯，为了当老板赚钱，在经营行为中放弃底线，搞起市场"潜规则"：偷工减料，以次充好，假冒伪劣，偷税漏税，投机诈骗，走私贩私；欺行霸市，哄抬物价，短尺少秤，强买强卖。这些人名为创业，实为敛财，不但损害了国家，坑害了用户，也断送了自己的前程，最后都会受到舆论的谴责乃至法律的惩罚。

（五）好高骛远，贪大求全

有些毕业生受教科书上世界知名大公司的运作模式的影响，不评估自己的资源和所处环境，不审视自己的能力和财力，一开始就按大公司的组织模式来建构，设置了很多中看不中用的部门，结果导致机构臃肿，反应迟钝，决策缓慢，执行力不强。殊不知，好高骛远、贪大求全也是创业之大忌。

青年创业，要从实际出发，尽可能从小项目做起，比如传统饮食业、零售业、小型加工业等。从小项目开始历练，将资金分批次、分阶段投入，将投资规模控制在适度的范围内，尽量避免一次性投入，以防万一环境变化，发生风险，这就是俗话说的"船小好掉头"的道理。做好小企业，为今后企业的做大做强奠定基础。

（六）忽略团队，独断专行

媒体上经常有这样的报道：某某企业家，果敢勇猛、当机立断、雷厉风行。这本是优秀企业家应具备的素质，但给一些初创业者在认识上造成误区，认为创业就要当老板，要掌握企业话语权，要完全拥有整个公司的所有权和控制权。有人甚至走向极端，刚愎自用、唯我独尊，导致决策的独断和无制约。现在少数企业家集创业者、所有者、决策者和执行者于一身，董事会形同虚设，下级只能俯首帖耳。这种个人作风与权力的结合，如果没有监督和约束，当事者犯错误的概率肯定会大大增加。

很多时候，我们个人并不具备创业的条件。组建一个合适的团队，网罗你所需要的人才，并且最大限度地发挥他们的聪明才智，这才是你创业成功的关键。"1 + 1 > 2"

是个富有哲理的不等式，它表明团队的力量并不是个人力量的累加。对一个问题的思考，1 个人思考 10 次可能都还是沿着同一个思维模式进行，如果 10 个人思考这个问题，可能就有多种思维取向，也就可能规避不少意想不到的风险。

二、创业风险

（一）创业风险的基本特征

在创业计划制订过程中，创业风险主要具有如下基本特征：

1. 客观存在性

创业风险是客观存在的，是不以人的意志为转移的。在创业过程中，由于内外部的不确定性是客观存在的，因而创业风险也必然是客观存在的。因此创业者在制订创业计划时，要采取正确的态度承认和正视创业风险，并积极对待创业风险。当然，并不否认创业风险的存在也有主观性的一面。

2. 不确定性

在创业过程中，创业者面临各种各样的不确定因素，如已有市场竞争对手的排斥，需求的不确定，新技术难以转化为生产力等。此外，在创业阶段往往只有投入没有产出，因而可能面临资金不足的困难，从而导致创业计划无法进行下去。也就是说，影响创业计划的各种因素是不断变化且难以预知的，这种难以预知就造成了创业风险的不确定性。

3. 损益双重性

创业风险对于创业预期收益不是仅有负面的影响，创业者如果能正确认识并且充分利用可能的创业风险，反而会使预期收益有很大程度的增加。

4. 相关性

创业者面临的风险与其创业行为及决策是紧密相连的。同一风险事件对不同的创业者会产生不同的风险，同一创业者由于其创业计划或采取的应对策略不同，会面临不同的风险结果。

（二）系统性创业风险的识别与防范

系统性创业风险是指由于多种外部因素的影响和变化，导致创业者预期的风险增大，从而可能在创业阶段给创业者带来损失的可能性，一般是不可分散的。在创业计划制订时，系统性创业风险的诱因多发生在新创企业外部，企业作为市场参与者，能够在风险的识别及防范上发挥一定的作用，但由于受多种因素的影响，本身在创业计划中又无法完全控制它，其带来的波动一般都比较大。系统性创业风险分析主要有政策风险、法律风险、宏观经济风险和自然风险。

1. 政策风险的识别与防范

（1）政策风险的识别。对创业者而言，国家和地方政府所采取的政策对其创业计划的风险识别有一定的影响。国内对创业环境的限制政策主要是通过间接对企业和个人施加影响来进行的。例如，通过征收个人收入调节税，调节消费者的收入，从而影响消费者的购买力；对香烟、酒类等产品征收较高的税收来影响消费者的需求。这些政策必然会影响市场环境、社会购买力，影响创业计划的生产经营方向。

（2）政策风险的防范途径。对于这种类型的风险，创业者应该积极关注和预测国家的政策走向，如果预测到某一政策将对创业计划制订和执行不利，新创企业可以早做准备，改变运营方式，适应政策的变化。

2. 法律风险的识别与防范

（1）法律风险的识别。法律、法规的制定和修改，都会对创业者的创业计划产生影响。政府会采取某些事后的行政措施或法律手段，来限制某些已经开发成功的高技术产品的生产、销售或使用。例如，近年来国内外一些企业开发的转基因产品，曾被有关部门明令禁止销售，这样，所有创业投入就转化为沉没成本，创业者根本得不到任何商业利益。目前，我国对于新创企业的立法还存在不少的政策、法规空白，这势必造成创业在法律上的风险。

（2）法律风险的防范途径。随着我国市场经济法制体系建设的不断完善，政府机构的执法力度也在不断加强。在我国，涉及市场管理的部门比较多，主要有市场监督管理、技术监督、物价、环境保护、人力资源和社会保障等部门，这些部门分别从各自的专业领域对创业者的生产经营活动进行监督，在保护合法经营、保护公平交易与竞争、维护消费者权益与促进市场有序运行、维护社会经济健康持续发展方面发挥了重要作用。对于创业者来说，防范创业风险的最好办法就是知法守法，自觉运用法律法规，规范自己的经营行为，并自觉接受执法部门的管理与监督，同时应善于运用法律武器来维护自己的合法权益。

3. 宏观经济风险的识别与防范

（1）宏观经济风险的识别。宏观经济风险是指因国家宏观经济状况、产业政策、利率及汇率的变化等因素所带来的风险。任何新创企业都必须依托所在国家和地区的经济环境。利率、价格水平、通货膨胀等因素的变化以及金融、资本市场的层次、规模、健全程度等都会带来很大的不确定性，使企业暴露在风险之中。

（2）宏观经济风险的防范途径。创业者在创业计划中，应制定相应的快速响应方案，通过计划手段使新创企业适应这一变化。

4. 自然风险的识别与防范

（1）自然风险的识别。随着我国经济的快速增长，天气、气候灾害造成损失的绝对值越来越大。气候灾害引发的生态、环境、地质、经济等继发性灾害，都属于创业计划不可抗力的范畴。

（2）自然风险的防范途径。对于各种自然灾害，创业者在制订创业计划时，虽然无法遏制其发生，但只要事先做好准备工作，就能够尽量降低自然灾害给新创企业造成的损失。新创企业在制订创业计划时，不仅需要考虑备选地区的基础设施、原材料供应、劳动力素质及成本、市场需求、税收优惠等方面的环境，还需要考虑当地在气候、卫生等方面的条件。对于因气象条件而可能引发的自然灾害，如洪水、沙尘暴等，创业者应密切注意气象部门的预报。

（三）非系统性创业风险的识别与防范

非系统性创业风险是指发生于新创企业的特有事件造成的风险，是由于新创企业自身因素引起的不确定性，例如新产品开发失败。在创业计划中，这类事件是非预期的和随机发生的，它只影响新创企业本身。在创业计划制订时，由于非系统性创业风险可以通过经营手段多样化分散掉，也称可分散风险。非系统性创业风险分析主要有市场风险、生产风险、技术风险、财务风险和管理风险。

1. 市场风险的识别与防范

（1）市场风险的识别

创业计划中市场风险的识别一般可从两个方面进行：①产品能否被消费者接受。在现实市场中，人们对传统技术产品司空见惯，故对传统技术产品的市场需求是较为稳定的，而新产品或服务对消费者来说是新鲜的，它的市场多是潜在的、待成长的。在这种情况下，创业者制订创业计划时，就很难预先判定市场是否会接受自己推出的某一新产品，包括接受能力和接受速度。②新创企业生产的产品有不少是高新技术或技术创新产品，由于产品技术本身的前瞻性，创业者制订创业计划时，无法得到相对准确的市场预期，在创业计划中对市场的接受度、产品导入市场的时间、市场的需求量等都难以估测，因而存在较大的风险。

（2）市场风险的防范途径

第一，市场进入风险的防范。可以从两方面进行防范：①市场进入收益与进入成本。进入成本是指新创企业在退出时无法收回的费用，一般称为沉没成本，包括处置专用性资产、设备所造成的损失，无形资产的损失以及取得政府许可的费用。这些在新创企业退出市场以前是无法预期和弥补的，也是企业在整个生命周期内所无法收回的。②市场进入的定位。从整体而言，市场是一个巨大的系统，它是由众多提供各种产品的子市场系统和区域市场系统构成的。因此，任何一个新创企业都没有能力进入所有的市场，即无法为所有的客户服务，只能根据自己的优势和特长进入某一细分市场，在其计划的目标市场上确定自己的竞争优势。因此新创企业在创业计划中进行进入区位选择时，既要考虑竞争者，又要考虑消费者，做到消费者导向和竞争者导向有机结合。

第二，市场营销风险的防范。市场营销风险产生的原因主要有：新创企业营销实力不足，进入市场的时机选择不当，过分依赖价格策略以及市场体系的不完善。市场营销风险防范策略主要有：①树立以市场为导向的整合营销理念。在创业计划期，对产品规划、价格制定、销售渠道选择上以市场为导向，从客户的需求出发。②制定合理的价格策略。低价不是向顾客表明优质产品的最好方式，尤其对于技术含量比较高的产品。创业者更应积极主动制订控制价格的计划。

2. 生产风险的识别与防范

（1）生产风险的识别。生产风险是指生产环节的有关因素及其变化的不确定性而导致创业失败或预期利润受损的可能性。对于创业者来说，由于企业在计划阶段，预期的生产人员配备、生产要素供给、各类资源配置等都需要尝试和摸索，故存在较大的风险。预期的生产风险识别应从生产技术人员构成、生产设备与工艺水平、生产资源的配置状况、原材料供应状况四个方面进行。

（2）生产风险的防范途径。新创企业在创业计划阶段，考虑技术研发时，就应考察替代技术的发展状况，评估技术本身的替代性，采取风险防范或自留策略；在研发时还要综合考虑现有设备与工艺的水平，以及自我研发相关设备与工艺的能力；在拟订创业计划时，还要综合考虑原材料及能源供应，新创企业地址要接近原材料产地，且能源供应充足。

3. 技术风险的识别与防范

（1）技术风险的识别

技术风险的识别通常从四个方面进行：①技术成熟度。新颖、独创、先进的技术可以为新创企业带来独特的优势。技术成熟度一般根据国内外同类技术达到的水平参数指标来确定。②技术适用性。技术适用性描述了技术适用的范围、推广和实施的难易程度。技术适用性是与市场的大小有密切关系的，一项技术所面对的市场越大，那么这项技术的适用性就越强，反之则越弱。③技术配套性。在创业计划期，必须确认与该技术配套的工程技术和产品生产技术是否已经完善，达到标准。④技术生命周期。高技术产品往往生命周期较短，不但自身更新速度快，而且有被其他类似技术替代的可能，如果不能有效地提高技术的更新速度和维持更新成本或防止技术老化，并在技术生命周期内迅速实现产业化，预期收回初始投资并取得利润，新创企业将蒙受损失。

（2）技术风险的防范途径

第一，采用多元化技术开发战略。一次技术的失败可以用另一次研发的成功来弥补，创业计划中的总体技术风险就分散到了各个具体的技术创新项目上，对于单独的一项技术风险，它的风险就大大地降低了。

第二，组建战略联盟。新创企业可以在创业计划中，联合其他产学研机构共同参与到技术创新的活动中来，在利益共享的前提下实现资源的优势互补和风险共担，达到防范技术风险的目的。

第三，转移技术风险。新创企业可以利用风险投资、保险、证券市场等方法，使技术风险由投资者、投资机构，以及企业共同承担，从而实现部分技术风险的转移。

第四，采用有效的激励机制。新创企业对技术创新人员采取有效的激励和约束手段，可以防范由于技术人员因素而给新创企业带来的技术风险。

4. 财务风险的识别与防范

（1）财务风险的识别。财务风险的识别主要从以下两个方面进行：

第一，资产负债表状况。①如果流动资产的购置大部分由流动负债筹集，固定资产由长期自有资本和大部分长期负债筹集，自有资本全部用来筹措固定资产，这就是创业计划中正常的资本结构，财务风险较小；②如果资产负债表中累积结余是红字，表明有一部分自有资本可能被亏损侵蚀，说明未来可能出现财务危机；③如果亏损侵蚀了全部自有资本，而且占据了一部分负债，这种情况就属于高度风险，创业计划里必须采取强制措施来缓解这种状况。

第二，企业收益状况。创业计划中显示的收益可以分为三个层次：①经营收入扣除经营成本、经营费用后的经营收益；②在第一层次上扣除财务费用后的经常收益；③在经常收益基础上与营业收支净额的合计，也就是期间收益。对这三个层次的收益进行分析可以分成三种情况：①如果经营收益为盈利而经常收益为亏损，说明创业计划中的资本结构不合理，举债规模大，存在一定的风险。②如果经营收益、经常收益均为盈利，而期间收益为亏损，情况严重者可能引发未来财务危机，必须加强监控。③如果从经营收益开始就已经亏损，说明创业计划的财务危机已经显现。反之，如果三个层次收益均为盈利，则是正常经营状况，财务风险不存在或很小。

（2）财务风险的防范途径

第一，增强创业者的风险意识。创业本身就是一项风险很大的行为，创业者应该大大增强风险意识，具备很强的风险观念，在创业过程中有意识地注意防范风险，特别是财务风险。

第二，保持资产流动性。企业资金流转总是周而复始地进行着，因此流动性是新创企业的生命，应缩短应收账款周转期以保持良好的资产流动性，降低整体资产中固定资产的比重，来防范创业计划的经营风险和财务风险。

第三，加强财务会计制度的建设。要按照科学规范、职责分明、监督制约、财务核对、安全谨慎和经济有序的原则，建立严密的财务会计制度。

5. 管理风险的识别与防范

（1）管理风险的识别

管理风险主要体现在经营决策、战略规划、营销组合不合理以及组织制度的不科学，创业者的综合素质较低，以及对计划的生产运作、内部沟通、激励等问题管理不力等方面。管理风险的识别主要从两个方面进行：①创业者综合素质和经验。创业者综合素质和经验可以从创业者的技术能力、管理能力和经验、企业家精神和创业者的身心素质方面来考察。②创业计划的管理机制成熟度。新创企业管理制度方面往往不够成熟，应通过调查产业内相似企业的管理制度，将本企业与之对比，识别出哪些管理制度方面还不够完善。

（2）管理风险的防范途径

第一，建立健全的现代企业制度。建立科学的决策和监督机制是新创企业防范管理风险的前提，而这些又离不开合理的产权制度与健全的内部治理结构设计。所以，为防范管理风险，必须按照现代企业制度的要求，建立起真正的完善的法人治理结构。

第二，提高自身素质。对中高层管理人员的使用必须坚持德才兼备的用人标准，在人员甄选过程中两方面的素质都应该列入计划考核内容。同时，应加强员工的职业道德教育和业务培训工作。

（四）创业风险的防范对策

创业是充满艰辛的历程，创业的每一个环节都有可能存在风险，一开始就取得成功的毕竟是少数，更多的是面临挫折和失败。没人愿意品尝失败的苦涩滋味，但这又是难以避免的。对创业者来说，经历失败的磨炼更是一个非常重要的学习过程。只要你逐步提高自身素质，强化风险意识，就能够有效地规避创业风险，成功也就会随之而来。

1. 提升创业者的内在素质

在创业过程中，人的素质是至关重要的。企业的成败和创业者的素质有密切的关系，成功的创业者应具备以下几方面的内在素质：

（1）坚忍的意志和胆识。创业不是几句口号或吸引人的广告喊出来的，它需要一种百折不挠的韧劲。创业者既要有激情，更需要理性和意志。统计表明，70％的创业失败不是因为企业运作不下去，而是因为创业者没有坚持下去，缺少坚持到底的精神。成功的创业者总是敢于承担风险，不被困难击垮，并坚忍不拔地朝着既定的目标前进，最终化解风险。

（2）较强的管理能力。在激烈的市场竞争中，现代创业者已不能像以往那样依靠传统作坊的经营模式，而是要在符合社会规范和法律规范的前提下，依靠管理出效益。创业者要想追求利润最大化，不仅要靠产品、技术来追求效益，更要靠科学管理来提高效益。创业者只有掌握了现代管理的理念和方法，具备较强的管理能力，才能够整合人、财、物等各种资源，确保企业的可持续发展。

（3）较为全面的专业素质。毕业生都已经系统地学习过某一方面的专业知识，这是创业的一笔宝贵财富。你的创业项目最好能与你所学的专业相近，这样会少走弯路。除了必需的专业知识，创业者还应掌握相关的法律知识、财会知识、营销知识等。

（4）创新思维。从前有个小故事，说老和尚问小和尚："如果你前进一步是死，后退一步则亡，也不能站着不动，这时你该怎么办？"小和尚想了想，说："我往旁边去。"老和尚双手合十，口念"阿弥陀佛"。

小和尚智慧善巧，懂得路的旁边还有路。其实在创业路上何尝不是这样呢？天无绝人之路，创业者在遭遇进退两难的境况时，不要在一棵树上"吊死"，可以换个角度思考，另寻一条出路，也许就会豁然开朗。成功的创业者往往都具有突破常规、勇于创新的意识和能力，具有开阔的视野和长远的眼光，在企业遇到挫折、陷入困境时，能够脱离传统思维去解决棘手的问题，使企业起死回生，并选择新的思路和创业方向。

2. 分析评估创业的外部环境

很多创业者在创业之初将全部精力和心血都放在了企业上，经过一段时间的发展后，渐渐发现"理想很丰满，现实很骨感"。例如，贩卖时兴水果、蔬菜，卖不出去，只能烂在自家筐里；进了一批服装，款式不对路或过了季节，只能"吐血"大甩卖；买了种鸡、种鸽、种猪、种兔来搞养殖，一场瘟疫或什么流感来袭……由此可见，创业中种种难以预测的风险无处不在。如何规避创业风险，如何从创业失败中吸取教训并继续前进呢？这就要求创业者除了提高自身素质和能力之外，还必须具备较强的市场洞察力和抗风险能力。

（1）调查人口结构与消费水平。针对消费者生活特性，从人口结构、家庭户数构成、收入水平、消费水平、购买行为以及交通出行方式等方面对消费者的消费行为进行定量和定性研究。例如，政府欲在某区域内规划建设高校，这将会加快人口增加的速度和人口结构变化，直接影响整个区域的消费行为，这对创业项目选择就会产生重大影响。

（2）慎重考虑区位因素。一般来说，繁华地段和交通便捷之处往往是经济、文化活动的中心，是商业集中之处，也是人员流动量较大的地方。对于人员流动究竟是以上下班人员为主，还是以购物、社交、娱乐的人员为主体，都是创业必须考虑的因素。如果你的企业是快餐店，自然以人员流动性较大的地段为宜；如果你的企业属于制造业，选址在繁华地段，投资成本就会大幅提高，不利于企业的发展。

（3）调查竞争对手。市场经济有竞争，有竞争就有竞争对手。创业者必须了解竞争对手的情况，分析竞争形势，最大限度地掌握竞争对手的经营策略，正所谓"知己知彼，百战不殆"。例如，你想在某街巷开一家面馆，就要调查同一位置开设的面馆有多少，与自己经营性质和特色大体相同的店面有几家，规模怎样，特色品种有哪些；还要了解同街巷其他餐饮店的经营范围、服务对象、特色品种。你只有全方位、多角度地了解直接和间接竞争对手的情况，做出正确抉择，才能避免盲目创业造成的失误。

在创业阶段，有很多的客观因素同样可能会导致创业失败，如市场变动、政策变化、竞争对手出现、创业资金缺乏等。毕业生创业开始多是小微企业，如一个店铺、一个小厂、一间工作室等，但即便是一个小摊位，它也需要投入相当大的人力、物力，凝聚着创业者的心血。所以，创业者一定要有风险防范意识，学会预测风险、规避风险、抑制风险、转移风险，避免踏入"误区"，即使陷入困境，也要有解脱之道，将风险降到最低。

创业与风险相伴，创业的过程就是不断防范风险、控制风险的过程。对可能出现的风险，创业者决不能消极躲避，更不能铤而走险走入更大的误区，而应采取积极态度，时时关注市场变化，对可能出现的市场风险、政策风险、产品风险、交易风险、经营风险、资金风险、技术风险等未雨绸缪，对每一个不确定因素可能带来的风险进行多层次、全方位的分析研究，拟订一套乃至几套应对方案。只有这样，当风险真的出现时，创业者才能应对自如、游刃有余。把各种可能出现的风险都锁定在可控的区间范围内，规避风险，绕过误区，成功也就会在不远处向你招手。

第五节　创业者与企业家精神

一、创业者

（一）创业者与创业动机

1. 创业者

创业者是将经济资源从生产率较低的区域转移到生产率较高区域的人，创业者是经济活动过程中的代理人。创业者应具有发现和引入新的更好的产品、服务和过程的能力。创业者将个人、创业团队、资本等资源融合在一起，合理利用机会，创造社会财富。创业者作为创新先锋，善于打破行业的传统经营模式，创造新的价值（产品、技术等）、市场和顾客，在创业团队中起到创业领导者的作用。因此，创业者也是创新活动的领导者和主要倡导者。

广义的创业者是指创业活动的推动者，或者是活跃在企业创立和新创企业成长阶段的企业经营者。创业者只是企业经营者，而不等同于企业家，因为多数创业者在创业初期并不完全具备优秀企业家所必需的能力，他们往往只具有其中的一部分。随着新创企业的成长，创业者会逐渐转变为企业家。在这个转变中，创业者应坚持创新精神，不断使企业保持活力，赢得企业间的竞争。

狭义的创业者是指参与创业活动的核心人员，包括创业领头人及其管理团队。创业者具有敢于冒险的创业精神，能发掘机会、整合资源，是提供市场新价值的事业催生者与创造者。狭义的创业者的特点为：首先，创业者必须是市场机会的发现者，创业者凭借信息优势、知识积累和特殊因素，发现新的市场需求，通过生产产品或服务满足这些需求；其次，通过开创企业或现有组织的人、财、物等要素资源，开发利用市场机会获得企业收益；最后，创业者要为机会价值判断的成败承担风险责任。

通常认为，创业者既不是指一般含义上的企业家，也不是指参与创业活动的全部人员，而是指为从事创业活动、创建新企业的创业领导人。

2. 创业动机

创业的失败率非常高，这一点全世界都一样，不少创业者是因为没有实现就业愿望，或者工作岗位不理想，而被动选择创业的。被动创业是最危险的，是创业者的大忌。如果创业仅仅是为了利益，让自己的生活过得更好些，这样的创业可能经受不住严峻的考验，也可能不会持久。创业艰难时考验的就是创业者最根本的创业动机和理念。纯粹为利益的，会及时止损并拂袖而去，有更高创业理想的创业者才能坚持忍耐并修正方向直至成功。

创业之路是五年、十年，漫长而又艰苦，如果没有事业心，创业者很难坚持，也难以感染团队。如果创业者只想着赚钱，团队也只是短期考虑，他们的行为方式就变了，不会有长期发展的胸怀。真正的创业，是在一片陌生的、既成事实的、险象环生的丛林中，从零开始，异军突起。创业存在极大的不确定性，在充满变数的背后，有其规律可循，而这一切都要从想创业的初心开始。

当想到一个项目的时候，真正的创业者会认为只有自己才是解决这个问题的不二人选，如果不从事这个项目，那么在短期内，将不会有人生产类似的产品，换句话说，这个问题将无法彻底解决。这样的创业者对产品保持着持续的热情，而对创意与产品的热情非常重要，因为只有热情，才能排除创业路上的各种艰难险阻，让创业者有信心支撑下去。同时，创业者的热情也会感染、激励、感召周围的人，吸引他们心甘情愿地加入创业团队，这是创业成功的关键要素。

创业者的主要动机有以下四个：

（1）最大限度地实现自身价值，获得成功的满足感。一些掌握一定的专业技能或者管理经验的专门人才，不满足现状，为了最大限度地挖掘出自己的潜能和发挥自己的特长，实现自身价值，获得个人在事业上的成功，从中得到满足，自创企业谋求发展。

（2）争取更高的利润，改善生活状况。现在小企业中有一定数量的业主是下岗或无业人员，他们是为了改善自己的生活状况；还有一定数量的业主虽然有自己的工作，但不满足现状，为了争取更大的利益和利润而创业。

（3）拥有自己的企业，可以独立自主，按照自己的意愿行动。有些人由于性格使然，他们不甘心屈居他人之下，不愿意受他人支配，主张自我支配生活。

（4）争取较大的自由度和灵活的工作时间。自创企业可以为自己争取一个较自由、较灵活的时间和空间，可以无拘无束地享受生活，这也是一部分业主创办小企业的动机之一。

（二）创业者素质的 4Q 组合

创业素质虽然有天生的成分，但是也需要后天的训练。语言、情绪控制这些创业素质是需要训练的。

"4Q 组合"有个公式：AQ+EQ+FQ+IQ。AQ 指的是逆商，EQ 指的是情商，FQ 指的是财商，IQ 指的是智商。

第一，逆商。逆商是抗压能力或者抗压的素质，它是创业者在面对挫折、困难时，超越困难，想办法缓解挫折的能力，是在逆境中形成的，所以叫逆商。逆商体现出创业者的定力、坚守力，是创业者在面对困境时必备的一种品质。

第二，情商。情商是理解他人及与他人相处的能力，情商研究者戈尔曼认为情商主要由自我意识、控制情绪、自我激励、认知他人情绪和处理相互关系五个方面构成。

第三，财商。财商是一个人认识金钱和驾驭金钱的能力，也就是算账，指一个人在财务方面的智力及理财的智慧。它包括两方面的能力：①正确认识金钱及金钱规律的能力。②正确应用金钱及金钱规律的能力。这是创业者必备的素质。

第四，智商。智商体现一个人智力的高低，指的是人们利用规律性的东西，特别是用知识来解决实际问题的能力。如观察力、记忆力、想象力、判断力、逻辑思维、应变能力。

"4Q 组合"中第一位是逆商 AQ，即人要有定力；第二位是情商 EQ，既有定力，又能控制情绪这就成功了一大半；第三位是财商 FQ，即要有快速计算的能力，能够对面对的状况进行初步判断的能力；第四位是智商 IQ，就是把观察力、想象力、记忆力整合在一起的能力，这就是"4Q 组合"排列的次序。

4Q 组合最重要的是逆商和情商，这是创业者普遍最缺乏的。所以说，"4Q 组合"在创业中是非常重要的，而有些人可能就只重视情商，或者是财商与智商的某一部分而没有整合来运用，这都是不可取的。

（三）创业者应具备的素质与能力

1. 创业者应具备的素质

（1）身体素质。良好的身体素质是成功创业的前提。在创业之初，受资金、环境等各方面条件的限制，许多事情都需创业者亲力亲为，创业者需要不断地思考来改进经营，加上长时间的工作和巨大的风险与压力，若无充沛的体力、旺盛的精力、敏捷的思路，必然会力不从心、难以承担起创业重任。

（2）创业欲望。要想取得创业的成功，创业者必须具备自我实现、追求成功的强烈的创业意识和激情。它们能帮助创业者克服创业道路上的各种艰难险阻，将创业目标作为自己的人生奋斗目标。只有具备了它们，才能不断地去挖掘和寻找创业资源，不断地去解决经营过程中遇到的各种矛盾。欲望是一个人行动的内驱力或原动力。欲望的强烈程度是衡量一个人生活质量高低的重要指标。欲望，实际就是一种生活目标和一种人生理想。创业者的欲望与普通人的欲望的不同之处在于，他们的欲望往往超出他们的现实状况，需要打破他们现在的立足点，冲破眼前的困境，才能够实现。所以，创业者要有牺牲精神和坚强的意志，不达目的绝不罢休的信心。成功创业者的欲望往往来自现实生活的刺激，是在外力的作用下产生的，而且可能不是来自正面的鼓励，而是来自艰难环境的反面刺激。正是这种欲望，激发创业者的创业精神，激励创业者一路前行。

（3）心理素质。创业的成功在很大程度上取决于创业者的心理素质。在创业的过程中难免会遇到诸多的挫折、压力甚至失败，这就需要创业者具有非常强的心理调控能力，能够持续保持一种积极、沉稳、自信、自主、刚强、坚韧及果断的心态，即有健康的创业心理素质。只有具有处变不惊的健康心理素质，才能到达胜利的彼岸。

第一，明察时势。势，就是趋向、趋势。宏观层面的明势，就是创业者一定要跟对形势和顺应政策。在政策方面，如国家鼓励发展什么、限制发展什么，对创业的成败有决定性的影响。找准了方向，顺着国家鼓励的层面努力，才可能事半功倍。中观层面的明势，指的创业者要看准市场机会，如市场上现在流行什么，指明了创业者可以努力的创业方向。微观层面的明势，就是要明了人情世故，同时要知己知彼，既了解个人的能力、性格、特长，又了解竞争者的情况。创业是一个在夹缝里求生存的活动。尤其处于社会转型时期的创业，各项制度、法律环境都不十分健全，创业者只能先顺应社会趋势，同时，创业者在选择创业项目时，一定要找那些适合自己能力、契合自己兴趣、可以发挥自己特长的项目，这样才有利于做持久性的全身心的投入。

第二，有敏锐的商业感知力。创业者的敏感，是指对商业机会的快速反应。商机是非常短暂的，有时就在一瞬间，反应迟钝的人是不适合创业的。有些人的商业感觉是天生的，如清末红顶商人胡雪岩。更多的人的商业感觉则依靠后天培养。如果想做一个创业者，就应该训练自己的商业感觉。良好的商业感觉，是创业者成功的关键。

（4）知识素质。创业者的知识素质对创业起着举足轻重的作用。创业者要进行创造性思维，要做出正确决策，必须掌握广博知识，具有一专多能的知识结构。具体来说，创业者应该具有四个方面的知识：①用足、用活政策，依法行事，用法律维护自己的合法权益；②了解科学的经营管理知识和方法，提高管理水平；③掌握与本行业本企业相关的科学技术知识，依靠科技进步增强竞争能力；④具备市场经济方面的知识，如财务会计、市场营销、国际贸易、国际金融等知识。

（5）竞争意识。随着我国社会主义市场经济从低级向高级发展，竞争愈来愈激烈。创业者若缺乏竞争意识，实际上就等于放弃了自己的生存权利。创业者只有敢于、善于竞争，才能取得成功。创业者创业之初面临的是一个充满压力的市场，如果创业者缺乏竞争的心理准备，甚至害怕竞争，就只能是一事无成。

（6）开阔的眼界。见多识广是创业者必备的素质。广博的见识、开阔的眼界，会使创业者的创业活动少走弯路，能使他更容易走向成功。开阔的眼界意味着创业者不但在创业伊始可以有一个比别人更好的起步，而且在关键时刻可以挽救创业者及所创事业的命运。眼界的作用，不仅表现在创业者的创业之初，它一直贯穿创业者的整个创业历程。一个人的眼界有多广，他的胸怀就有多大，他的事业才会有多大。

总的来看，创业者的创业思路有四个来源：①职业。由原来所从事的行业起步创业，对行业的方方面面均非常熟悉，这样的创业活动成功的概率很大。②阅读。包括书、报纸、杂志等。对创业者来说，阅读就是工作的一部分，一定要有这样的意识。③行路。到各地观摩学习，是开阔眼界的好方法。④交友。很多创业者最初的创业主意是在朋友的启发下产生的。

（7）高深的谋略。商场如战场，商业是一项讲谋略的活动，创业者的智谋将在很大程度上决定其创业的成败，尤其是在目前产品日益同质化、市场竞争激烈的情况下，创业者更要有能力出奇制胜。谋略，或者说智慧，时时贯穿创业者的每一个创业行动。谋略就是一种思维的方法、一种处理问题和解决问题的方法。对创业者来说，智慧不分等级，没有好不好、高明不高明的区别，只有好用不好用、适用不适用的差异。创业者的智慧就是不拘一格，出奇制胜。

（8）过人的胆量，敢于冒险。创业本身就是一项冒险活动。有胆量，敢下赌注，想赢又不怕输的人最适合创业。创业家的冒险不同于冒进。创业是一种冒险的套利活动。理性思维的人无法接受不稳定带来的机会，只有那些有胆量、不怕风险的人才肯去利用这种不稳定的机会谋利。这种非均衡条件下的利润会超过正常利润，当然也会导致较大的损失。人们做不成事业与过于理性有关，理性思维要求非常细致、谨慎地进行判断，而不是对只有一定可能性的机会作出判断。面对失败的可能，以输不起为理由，过多地考虑消极和不利因素，做出的决策也仅仅是做，而不是积极应对和想办法将风险化解。

（9）懂得与他人分享。作为创业者，一定要懂得与他人分享的道理。一个不懂得与他人分享的创业者，不可能将事业做大。对创业者来说，分享不是慷慨，而是明智地选择。

人的需要可以划分为五种：生理需要、安全需要、社交需要、尊重需要、自我实现需要。这五种需要具体到企业环境里和公司员工身上，就是需要老板与员工共同分享，当老板舍得付出，舍得与员工分享，员工的生存需要、安全需要、尊重需要就从老板那里都得到了满足。创业者懂得与员工分享，真心分享，公平分配利益，会产生很强的凝聚力。分享不仅仅限于企业或团队内部，对创业者来说，对外部的分享有时候同样重要。总之，用心回报社会，懂得分享是创业者的基本素质之一。

2. 创业者应具备的能力

创业能力是一种特殊的能力，这种特殊能力往往影响创业活动的效率和创业的成功。创业能力包括决策能力、经营管理能力、专业技术能力与交往协调能力组成。

（1）决策能力。决策能力是创业者根据主客观条件，因地制宜，正确地确定创业的发展方向、目标、战略以及具体选择实施方案的能力。决策是一个人综合能力的表现，一个创业者首先要成为一个决策者。

创业者的决策能力通常包括分析、判断能力和创新能力。要创业，首先要从众多的创业目标以及方向中进行分析比较，选择最适合发挥自己特长与优势的创业方向和途径、方法。在创业的过程中，能从错综复杂的现象中发现事物的本质，找出存在的真正问题，分析原因，从而正确处理问题，这就要求创业者具有良好的分析能力。

所谓判断能力，就是能从客观事物的发展变化中找出因果关系，并善于从中把握事物的发展方向，分析是判断的前提，判断是分析的目的，良好的决策能力是良好的分析能力加果断的判断能力。创业实际就是一个充满创新的事业，所以创业者必须具备创新能力，有创新思维、无思维定式，不墨守成规，能根据客观情况的变化，及时提出新目标、新方案，不断开拓新局面，创出新路子。可以说，不断创新是创业者不断前进的关键环节。

（2）经营管理能力。经营管理能力是指对人员、资金的管理能力。它涉及人员的选择、使用、组合和优化；也涉及资金聚集、核算、分配、使用、流动。经营管理能力是一种较高层次的综合能力，是运筹性能力。经营管理能力的形成要从学会经营、学会管理、学会用人、学会理财方面努力。

（3）专业技术能力。专业技术能力是创业者掌握和运用专业知识进行专业生产的能力。专业技术能力的形成具有很强的实践性。许多专业知识和专业技巧要在实践中摸索，逐步提高发展、完善。

创业者要重视创业过程中知识积累的专业技术方面的经验和职业技能的训练，对于书本上介绍过的知识和经验在加深理解的基础上予以提高、拓宽；对于书本上没有介绍过的知识和经验要探索，在探索的过程中要详细记录、认真分析，进行总结、归纳，上升为理论，形成自己的经验特色，积累起来。只有这样，专业技术能力才会不断提高。

（4）交往协调能力。交往协调能力是指能够妥善的处理与公众（政府部门、新闻媒体、客户等）之间的关系，以及能够协调下属各部门成员之间关系的能力。创业者应该做到妥当的处理与外界的关系，尤其要争取政府部门、工商以及税务部门的支持与理解，同时要善于团结一切可以团结的人，团结一切可以团结的力量，求同存异共同协调的发展，做到不失原则、灵活有度，善于巧妙地将原则性和灵活性结合起来。总之，创业者搞好内外团结，处理好人际关系，才能建立一个有利于自己创业的和谐环境，为成功创业打好基础。协调交往能力在书本上是学不到的，它实际上是一种社会实践能力，需要在实践活动中学习，不断积累总结经验。

每一个人创业，都必然要借助其拥有的资源。创业者的资源可以分为外部资源和内部资源两种，内部资源主要是创业者个人的能力，其所占有的生产资料及知识技能。创业者的家族资源也可以看作创业者内部资源的一部分。创业者外部资源中最重要的一点就是人脉资源的创立，即创业者构建其人际网络或社会关系网络的能力。一个创业者如果不能在最短时间内建立自己最广泛的人际网络，创业会非常艰难。创业者的人际资源主要包括：①同学、战友和同乡方面的人脉。成功的创业者的身后往往都可以看到同学的身影，有少年时代的同学，有大学时代的同学，更有进修班、研修班的同学。②职业方面的人脉。对创业者来说，效用最明显的首推职业资源，即创业者在创业之前，为他人工作时所建立的各种资源，主要包括项目资源和人力资源，从这方面入手创业，成为许多人创业成功的捷径和法宝。③朋友资源。朋友是资本金，对创业者来说是多多益善，善于交友是创业者最基本的能力之一。这种能力的形成可以通过以下三个途径进行：

第一，敢于与不熟悉的人和事打交道，敢于冒险和接受挑战，敢于承担责任和压力，对自己的决定和想法要充满信心、充满希望。

第二，养成观察与思考的习惯。社会上存在着许多复杂的人和事，在复杂的人和事面前要多观察多思考，观察的过程实质上是调查的过程，是获取信息的过程，是掌握第一手材料的过程，观察得越仔细，掌握的信息就越准确。观察是为思考做准备的，观察之后必须进行思考，做到三思而后行。

第三，处理好各种关系。可以说，社会活动是靠各种关系来维持的，处理好关系要善于应酬。应酬是职业上的"道具"，是处事待人接物的表现。心理学家称，应酬的最高境界是在毫无强迫的气氛里，把诚意传达给别人，使别人受到感应，并产生共识，自愿接受自己的观点。

搞好应酬要做到宽以待人。严于律己，尽量做到既了解对方的立场又让对方了解自己的立场。协调交往能力并不是天生的，也不会在学校里形成，而是走向社会后慢慢积累社会经验，逐步学习社会知识而形成的。

（5）创新能力。创新是知识经济的主旋律，是企业化解外界风险和取得竞争优势的有效途径，创新能力是创业能力素质的重要组成部分。它包括两方面的含义：①大脑活动的能力，即创造性思维、创造性想象、独立性思维和捕捉灵感的能力；②创新实践的能力，即人在创新活动中完成创新任务的具体工作的能力。

创新能力是一种综合能力，与人们的知识、技能、经验、心态等有着密切的关系。具有广博的知识、扎实的专业基础知识、熟练的专业技能、丰富的实践经验、良好的心态的人容易形成创新能力，它取决于创新意识、智力、创造性思维和创造性想象等。创业者，不仅要注意在环境和教育的双重影响下培养自己的创业素质，而且要重视其整体结构的优化，在创业实践中不断提高自我的创业素质。

（6）自我反省纠错的能力。创业既然是一个不断摸索的过程，创业者就难免在此过程中不断地犯错误。反省，正是认识错误、改正错误的前提。对创业者来说，反省的过程就是学习的过程。有没有自我反省的能力，具不具备自我反省的精神，决定了创业者能不能认识到自己所犯的错误，能不能改正所犯的错误，是否能够不断地学到新东西。没有哪个成功的创业者智力上有什么出类拔萃之处，但是，这些成功者却有一个共同之处，就是非常善于学习，经常自我反省。作为一个创业者，遭遇挫折、碰上低潮都是常有的事，在这种时候，反省能力和自我反省精神能够很好地帮助创业者渡过难关。

总之，创业需要的素质是综合的，每一项都很重要，缺少一项，都会影响事业的发展。另外，各行各业杰出人才的基本素质都是相通的，上述各种素质对大学生来说，即使将来不创业，也应该具备。

（四）创业者素质的培养

1. 创业者素质影响因素

创业者身上的素质是人的一种本能，不是由学校培养的，而是受到三个方面因素的影响：①创业素质可能是天生的；②家庭教育是创业者素质形成的重要因素，包括父母的教育、长辈的教育，还有兄弟姐妹的影响；③影响创业者素质形成最重要的就是社会教育，一个人成长的社会环境，会让社区内所有人思维接近、价值观趋同，社会的耳濡目染会让人们获得更多的相关知识。

2. 创业者素质的培养思路

素质和能力、业绩、行动是有区别的。素质是没有目的的，是一种隐含的品质，这种品质是本能的，是人的一种潜质，体现在思维方式上、在平时的一言一行中。

我们把创业者对知识的理解、胆量，面对世界能够积极应变的素质，利用知识引导解决事业难题的这些素质，统称为专业素质。这些专业素质是后天可以培养的。大学的创业教育要鼓励学生去尝试、去探索，每一次尝试都会有进步，不仅会让学生收获喜悦还会收获成功的经验。所以我们应该鼓励大学生多做实践尝试，有了一些经验之后，再去做更大的事情，获得更大的成功，而且还可以让他们摆脱怕挫折心理。创业的素质在于行动的自我培养。

创业教育对创业者素质的培养也起到一定的作用。创业教育主要是通过范例来激励创业者，告诉他们怎么避免失败，尽可能地在第一步走向成功。创业教育更多的要鼓励学生多去参与创业实践、多去观察别人，观察周围的人是如何创业成功的，参与实践，提升自己的能力，所以要培养创业素质，最主要的还是要迈出第一步。

总之，创业素质是一种潜在的创业潜质，在创业素质中，胆量、应变素质、尊重与运用知识的素质都起着重要作用。创业素质多是先天的，受到周围社会环境影响，但又可以通过后天的学习和培养得到改善和提高，需要自我创业素质提升，提升的基本方法是实践，通过多接触周围的创业成功者，提高对创业规律的总结能力，使学习能力成为创业素质的基础。

（五）创业者的能力发掘

创业素质是一种本能，是天生的，是没有目标的，但是天赋有分类，有的是政治天赋，有的是音乐天赋，有的是艺术天赋等。创业者素质通常处在潜在的状态，只有在机会成熟的情况下，才能把这种能力显露出来，如果没有机会，这种能力有可能就发挥不了作用。

挖掘就是能够自我去发现的或者是别人去发现有价值的事物。创业是完全自由的，关键靠自我挖掘。有了机会，创业者素质通过自我挖掘，主动去行动，就有了成功的可能。

自我能力的挖掘主要是创业活动的性质决定的，再大的外部挖掘力量也不如自我识别、自我甄别。知己比知彼更重要，以对自己的了解，能够促使自己多些正面的暗示。创业本身要求创业者对错误决策负责。所以创业者必须要训练、提升自己的自主决策能力，正确地认识周围的环境和机会，特别是自己和环境的匹配，若出现错误、失败，自己能够负责，也能够认清挫折和失败可能给自己带来的危害，这才是走向正确决策必要的过程。正是因为创业具有这样的属性，所以能力也必须主要以自我挖掘为主。

创业素质是一种本能，这种本能需要借助机会表现出来，把创业素质变成创业能力，需要挖掘和抓住机会的能力，对成功的暗示和积极的探索，积累资本、积累人脉、积累自信，用行动实现素质的自我挖掘。

二、企业家精神

随着经济体制改革的持续深入，我国企业家队伍不断发展壮大，成为经济社会发展的一股重要推动力量。企业家精神对于推动技术创新、产业结构演进、社会财富积累甚至是制度变迁具有重要作用，是全社会的宝贵财富。我国目前处于体制转轨过程中，很多制度还不完善，对企业家精神的培育与激励机制还不健全，需要进一步通过深化改革，优化市场竞争环境，充分发挥市场在资源配置中的决定性作用，更好发挥政府作用，为企业家成长和企业家精神培育创造宽松的外部环境。

我国经济发展已进入新常态，经济增速从高速向中高速转换，增长模式已从投资驱动、要素驱动向创新驱动转型。我国把创新作为发展理念之首，并把创新摆在国家发展全局的核心位置。创新需要人才，尤其需要以创新为己任的特殊人群，即企业家。企业家最难能可贵的就是在其身上体现出来的持续的创新精神，也就是所谓的企业家精神。这种勇于创新的企业家精神是一种重要的、稀缺的要素。进一步优化发展环境，激发企业家创新创业精神和民营企业投资动力十分重要和紧迫。

（一）企业家精神的作用

1. 企业家精神的核心是创新

企业家精神是指企业家的才华和能力。企业家精神是产品创新的驱动力，以及企业推动改革进程的关键引擎。企业家精神的培育和获取是一个创新的过程。在这个过程中，新产品或新服务的机会被确认、被创造，最后被开发出来产生新的财富创造能力，企业家精神对于创新的成败具有决定性的影响。人们普遍接受的企业家精神的五大构成要素是：冒险、创新、独立性、变革、竞争性进攻。创新精神是企业家精神的核心内容，是企业家的灵魂。

2. 企业家精神渗透于社会各层面

企业家精神可以渗透到个人个体层面、公司组织层面和整个社会层面，从而对社会方方面面都会产生重大而深远的影响。

（1）个体层面。个体层面的企业家精神研究是以企业家本人为出发点，主要包括企业家个体特质、个体企业家精神要素以及个体企业家精神在创业过程中的行为表现等方面。个体企业家精神能够使企业家的行为出现"变异性"和"跃迁性"，促进企业家的创造性活动，实现企业家资源禀赋的放大和扩张；企业家是风险的承担者，是长期经济增长的微观组织机制，企业家精神的核心是持续技术创新。

（2）组织层面。组织层面的企业家精神关注企业或组织的整体创新创业行为。企业家精神在整个公司的渗透，主要体现在公司的创新与风险创业行为上，包括创新、承担风险和行动领先三个基本维度。组织层面的企业家精神是个人或群体在现有公司基础上建立一个新公司或者对现有公司进行重组或创新的过程，是将一系列独特的资源集中在一起寻找机会的过程，研究的焦点是机会而不是目前所掌握的实物资源，是在动态复杂环境下组织谋求竞争优势的重要途径。

（3）社会层面。社会层面的企业家精神是指企业家精神在整个社会层面的广泛渗透，这一概念不同于企业层面的企业家精神。社会层面的企业家精神是近年来在公共、私营和非营利等部门中迅速涌现出来的一个概念，意指如何将企业家的创业、创新和冒险等精神应用于社会非盈利组织部门来创造新价值。企业家精神不仅是独立企业家的某些个体特征，而且也是一种社会现象，是在一定的社会人文环境和经济制度规范下，由企业家这一特殊群体在企业经营活动中形成的，一种以创新精神为核心、以风险承担精神为支撑的综合性精神品质和意志。

企业家精神从这三个方面构成一个紧密联系的统一整体。个体层次的企业家精神研究目的在于启发个体自觉地学习这种精神，从而令其成为刺激个体创业的重要精神因素；组织层面的企业家精神研究目标就是让企业自觉地组织建立包含着企业家精神特点的企业文化和制度，使其成为促使企业可持续快速发展的重要精神支柱；社会层次的企业家精神研究就是为了充分地引导包含企业家精神的文化在社区、地区、国家乃至整个社会的构建，激发整个社会的创新、创业热情，使企业家精神在推动经济社会发展中发挥最大的效益。

3. 企业家精神是经济社会发展的重要力量

企业家精神是企业持续创新发展的不竭动力，是 21 世纪推动国家经济发展主要的动力之一。企业家精神是技术创新的驱动力、产业结构演进的原动力、社会就业的创造者、财富积累的重要源头和制度变迁的推动力。企业家精神所带来的经济效应是不可估量的，企业家精神不仅能带动企业绩效的提高，促进经济的发展，而且还可以推动整个社会的进步。

（1）技术创新重要驱动力。企业家独特的个人能力，特别是敏锐的洞察力和丰富的信息知识，赋予企业家较强的创新能力。企业家在整个企业技术创新阶段起着倡导、激励、协调和组织实施的重要作用。

（2）企业家精神的一个重要特征是开办和创新企业，他们具有敏锐的洞察力，能够把握市场的一切有利机会，有长远的眼光，具备很强的企业组织、管理和创新才能。企业家创业有利于技术创新成果产业化，是产业集群发展和产业结构转型升级的重要实现载体。

（3）创造社会就业。企业家精神通过创新、创业精神创造出满足人们需要的各种新事物，创新出新的市场需求，也创造出了大量的新兴企业。新企业的发展，需要汇聚各种各样的就业人员，这就创造出了各种发展机会，包括大量的就业机会。

（4）财富积累重要源头。无论是在发达国家，还是在新兴工业化经济体中，经济的增长与繁荣总是离不开优秀企业家的企业家精神。经济的发展带动了财富积累。反过来，财富的积累也见证了一代代企业家创业创富历程以及为社会做出的贡献，财富更承载着创造财富者生生不息的企业家精神。

（5）制度变迁的推动力。勇于挑战自我的企业家，不仅仅只是被动地应对外界的变化，而是会主动地力图改变环境。制度演进的动力机制就在于企业家创新或者套利活动，在于企业家基于潜在获利机会的创造或实现过程中的交互作用。

（二）培育企业家的对策

1.重新审视企业家精神的作用

企业家精神对整个经济社会发展具有重要推动和引领作用。当前，我国进入新常态，正在推进供给侧结构性改革，企业家精神所具有的独特作用无可替代，是我国实施创新驱动发展战略、推进经济结构调整的重要推动力量。经济发展的动力要向创新驱动转换，就必须要重新认识企业家精神的核心内涵和创新引领作用，将培育和激发企业家精神放在创新驱动发展战略的核心位置。为此，要加快经济体制改革，使市场在资源配置中起决定性作用，进而为充分发挥企业家才能、培育和激发企业家精神创造良好条件。

2.拓宽企业家创新创业空间

企业家创新才能的充分释放需要良好的市场竞争环境和广阔的市场空间。必须进一步加快推进国有企业和垄断行业改革，坚决打破不合理的行政垄断和市场垄断，按照"非禁即入"的原则，取消规模、股比、经营范围等限制，打破区域行政壁垒，不断扩大企业家投资创业空间。打破国家和省级大工程大项目投资的隐性门禁，引导拥有土地、资本、资质、专家等资源的国企与民营企业家多种方式开展合作。积极发挥政府职能，营造良好的创业文化氛围，进一步完善创新创业扶持政策，支持和鼓励企业家积极投身于创新创业活动。加强企业服务体系建设，突出重点，鼓励创业，扶持创业企业健康成长。加快要素市场体系建设，为企业创业和发展营造宽松的市场环境，激发全社会的创新创业热情。

3.增强产权和企业家合法权益保护

产权激励是企业家精神最好的激发器和推进剂，必须要进一步加强产权保护，切实维护企业家合法权益。完善产权保护相关法律制度，严格执行民法典规定，完善物权、合同、知识产权相关法律制度，清理有违公平的法律法规条款，平等保护各类市场主体。完善政府守信践诺机制，大力推进法治政府和政务诚信的建设，使得政府真正服务于民。加快政府职能转变，彻底地实现政府与企业的分离，确保企业能够成为自主经营的市场主体。理顺产权关系，使财产所有权和法人财产权分离，保证企业法人的实体地位。加大知识产权的保护力度，营造全社会重视和支持产权保护的良好环境。切实保护企业和企业家的私有财产及其合法权益，对报复、污蔑、伤害企业家的违法行为，要依法从严从快查处。

4.降低企业家创业成本

在市场经济体制下，企业家总是寻找最适合自己、最能发挥自己才能、最能创造财富的地方。创新创业手续烦琐、成本高会严重挫伤企业家的积极性，也不利于培育和激发企业家精神。政府尤其是领导干部要与民营企业家建立起"亲""清"的新型政商关系，进一步简化办事流程，提高政府服务效率，坚决杜绝寻租腐败和利益输送。有针对性地加快相关领域改革，切实降低物流、能源资源成本。完善创新创业扶持政策，加大资金、人才、土地等方面的优惠政策力度，降低创业成本。完善税收等优惠政策，切实降低创业企业负担。

5. 营造诚实守信的营商环境

企业家成长和企业家精神的培育需要公平、透明、稳定的社会诚信环境。要加强企业家思想道德教育和社会责任意识培育，在全社会大力弘扬诚信文化和诚信精神。加强对守信主体的激励，加大对守信行为的表彰和宣传力度，对诚信企业和模范个人给予表彰。建立健全失信联合惩戒机制，充分发挥行政、司法、金融、社会等领域的综合监管效能，建立跨部门联动响应和失信约束机制，对违法失信主体依法予以限制或禁入，真正实现"一处失信、处处受限"。推动形成社会性约束和惩戒，完善失信信息记录和披露制度，使失信者在市场活动中处处受到制约。完善社会舆论监督机制，建立失信行为有奖举报制度，切实落实对举报人的奖励，保护举报人的合法权益，发展各类信用服务机构。建立公共信用服务机构和社会信用服务机构互为补充、信用信息基础服务和增值服务相辅相成的多层次、全方位的信用服务组织体系。

6. 创造有利于企业家精神培育的舆论环境

在推进经济社会转型和完善社会主义市场经济体制的过程中，必须加强舆论宣传和正面引导，为企业家成长和企业家精神培育创造良好的舆论环境。企业家是社会中的稀缺资源，全社会要形成尊重企业家、理解企业家、关怀企业家、支持企业家的社会氛围，尊重企业家的特殊劳动，重视企业家的社会价值，充分肯定企业家队伍对中国经济社会发展所作出的贡献。尊重企业家发展的历史，客观报道企业事件，营造鼓励创新、宽容失败的舆论氛围，以积极客观的态度和历史的眼光报道企业家的成败。认真研究总结企业家成功的经验，探索企业家人才的发展规律，积极在全社会培育和弘扬企业家精神和特别敢冒风险、积极进取的创新创业精神。

案例

新东方转型的背后，是不言放弃

成功企业的创业，大多是经历了一次次的失败后才取得成功的。而在失败面前创业者如何保持坚韧不拔、矢志如一。"失败乃成功之母"，善于汲取失败的教训是不少创业者能够做到的，但如何保持清醒的头脑，如何坚定不移地不断开创新的局面，是成就大业的创业者需要重点考虑的问题。在锲而不舍方面，新东方给出了自己的答卷。

2021年，"双减"政策背景下，各大教培机构纷纷寻求转型。在外界的审视的目光之下，以新东方为代表的教培机构曾经度过一段艰难的赛道转换时光。其中，在线教育企业猿辅导开始尝试卖羽绒服，而有道则选择在棋类项目方面继续发力。

新东方的转型之路也充满坎坷，俞敏洪在个人公众号"老俞闲话"中总结了2021年新东方遇到的变故："市值跌去90%，营业收入减少80%，员工辞退6万人，退学费、员工辞退N+1、教学点退租等现金支出近200亿。"新东方决定把目标瞄准到直播带货领域。12月，俞敏洪开启助农直播首秀，宣告"东方甄选"直播平台正式推出。

新东方名师董宇辉在直播中，以中英文带货＋段子式的知识输出为主。而这在无意间打造出了新东方直播间出圈的"名场面"："从阿拉斯加的鳕鱼到南太平洋的海鸥，从山泉明月到田间的麦穗，从诗词歌赋到人文地理……"

其实，在新东方选择直播带货领域入局之时，直播电商早期的流量红利消耗殆尽已成红海。新东方初期入局并不熟悉直播的流程套路，从选品到定位都存在着一定问题。这时直播间唯一的流量招牌与亮点，是新东方创始人俞敏洪。而一旦俞敏洪不在场，直播的场观人次基本不过10万，销售额在20万上下。即便如此，新东方直播首播也被许多网友吐槽"太贵"，俞敏洪早期带货风格也遭到诟病——过于像"上课"。

后期，东方甄选逐渐找准直播带货的模式与技巧，凭借观众喜爱，各出圈名场面视频频出，新东方在线旗下"东方甄选"的粉丝迎来了爆发性增长。不到一周的时间里，东方甄选便完成了粉丝量从100万到1000万的跨越，远超此前券商预测两周粉丝破千万的速度。与此同时，GMV在6月15日就已飙升至6257万元。

东方甄选的双语带货为何能够突围？前几年，由于准入门槛低，直播电商界泥沙俱下，低俗段子充斥，已非一日。税务风暴之后，行业规范化成必然趋势。而用户也对颜值主播过于同质化的直播带货产生审美疲劳。直播电商有待"消费升级"，为消费者带来更多的附加值。同短视频一样，直播间需要回答外界的质疑，是否引发"过度沉迷""无意义杀时间"，输出陪伴属性内容和刺激消费主义之外，直播究竟创造了何种价值？

图片来源：新东方东方甄选直播片段截图

百度一直试图以"知识直播"的差异点突围，但纯粹的知识直播大多失之冷门枯燥，关注度不高，面临商业变现难题。"双语直播"刚好击中了知识直播与直播电商之间的盲区交界处，形成降维打击"文化扫盲"。新东方自身在英语教育界的 IP 影响力仍在，普遍有着研究生以上高学历、海归留学经历的新东方老师们，从莎士比亚十四行诗到世界地理课，信手拈来，中间穿插多个英语知识点。新东方一直存在着"名师文化""名师体系"，许多名师凭借或幽默或犀利的教学风格名声在外，自带教学经验、粉丝基础和课堂魅力。知识直播和授课，其实有一定的共性。

图片来源：百度 2021 年《直播百态，激活营销新形态——百度直播生态洞察报告》

有人说企业转型九死一生，因为转型大概率要放弃所拥有的一切从零开始，特别是跨界转型几乎算是重新创业，其中的艰辛不言而喻。即使新东方教育培训巨头的光环已褪去，但其转型成效以及未来发展走向，时刻被关注着。眼下，新东方转型直播已经取得了阶段性的突破，但离真正的成熟，或许外界还需要更多的时间和耐心。

除了教育相关业务和东方甄选之外，新东方还布局多个具有增长潜力的市场，广撒网、广搜索寻求新的出路。天眼查数据显示，截至 2022 年 1 月 10 日，新东方在约半年时间内已经成立了 90 家新公司，平均每 1.88 天成立一家新公司。在此情境下，撒开网、尽全力地去发现和挖掘有增长潜力的市场，比所谓的"精准"更有效果。正如新东方教育科技集团董事长俞敏洪所说："新东方正在全力以赴、分秒必争在寻找并且开展新的业务，同时迅速找到了一些新的发展方向。"

第四章　创新创业管理

目前，创新创业已经成为时代的主旋律，无论在什么时候，都需要越来越多的人在创新创业中拼出一番天地，国家也出台了不同的激励政策来促进创新创业，创新创业者成功得越多，解决就业人数就越多，承担的社会责任就越多，带动各行业发展就越快。本章重点探讨创新创业理论、创新创业机会、创新创业团队、创新创业资源。

第一节　创新创业理论

近年来，创新与创业研究日益受到学术界及实务界的关注。关于创业研究，早在1755年，法国经济学家理查德·坎蒂隆将"创业者"一词作为术语引入学术界，引发了学者们对创业活动的竞相研究。奈特认为，创业的本质在于创业者以一定资本处理风险和不确定性的能力。克里斯曼认为，创业即新企业的创建。多林格则整合了多位学者的观点，认为创业就是在风险和不确定性条件下为获利或成长而创建新型经济组织的过程。创业研究并不仅限于如何规避风险来创办新企业，创业也可以理解为一种创造性的思考、推理和行动方法，它受机会的制约，要求创业者有缜密的实施方法和讲求平衡技巧的领导艺术。学术界普遍认为，"创新"一词最早由奥地利经济学家熊彼特于1934年提出，他将创新定义为新的生产要素和生产条件的"新组合"。之后，众多学者对创新展开了深入研究，认为创新活动赋予资源一种新的能力，使它能创造财富。因此，创新过程的核心是识别机会、寻找资源、发展新企业和创造价值。随着时代的发展，创新创业的研究范围日益扩大，如科学技术领域的技术管理与价值创造，政治领域的制度创新或创新驱动政策，经济学领域的未来服务产业创新创业，管理学领域的新商业模式或创新创业战略，等等。

尽管不同研究领域涉猎了创新创业的不同内容，但由于创新创业研究的跨学科发展，并没有占主导地位的理论视角能够整合创新创业众多的研究流派。创新与创业是两个既有联系又有区别的概念。创新是创业的基础和灵魂，创业是实现创新的必要过程。尽管很多学者都从不同角度对创新与创业进行了诠释，但是还尚未发展出一套被人们所公认的创新创业理论。因此，我们有必要从熊彼特与德鲁克的创新与创业理论、蒂蒙斯的创业过程理论以及爱迪思的企业成长理论回顾开始，深入探究创新与创业及其关系。这4种理论是当今世界上关于创新与创业研究最有影响力、最具代表性的理论。因此，探究这4种理论不仅有利于整合创新与创业研究流派，构造创新创业研究框架，还能够为建设"创业型国家""创业型社会"提供重要的理论支持。

一、熊彼特的创新创业理论

熊彼特被称为20世纪上半叶伟大的经济学家之一。创新和创业的概念是熊彼特对经济学最独特的贡献。熊彼特的创业理论可以分为两个阶段：早期阶段的"第一创业理论"；晚期阶段的"第二创业理论"。

（一）熊彼特的创新理论

熊彼特认为，"创新"就是"建立一种新的生产函数"，把一种"新组合"引入生产体系。熊彼特将创新分为5类：推出新产品或已知产品的新种类；使用新的生产方法或产品的新销售方式；开放一个新市场；获取原材料或半成品的新供应来源；出现新的产业结构，如创造或破坏垄断地位。熊彼特把创新过程分为4个维度，即发明、创新、传播和模仿。在经济发展初期，传播和模仿对一个国家的经济具有很大的影响，创新对宏观经济的影响并不明显。随着经济的不断发展，当生产经营者意识到开发新产品、新生产方式、新供应链、新市场或新产业结构将比对技术或产品的简单复制、模仿更具营利潜力时，他们会大力投资各种形式的创新。由于大量的创新研发打破了原本的产业垄断，并极大地推动了创业与就业，此时创新便一跃成为促进经济发展的关键点。根据熊彼特的理论，经济（或产业）发展的过程是经济结构内不断改革、变化和不断破旧立新的过程。因此，创新是促进经济增长必不可少的因素，因为没有不断的破旧立新，取而代之的将是永恒的模仿和经济的停滞不前。在经济发展初期主要关注加大生产要素投入、技术模仿与产品效益，但当经济发展到现今阶段，尤其在国家大力推动经济从效率驱动向创新驱动转型的时刻，更应重视创新带动投资和就业，发挥创新对经济发展的关键作用。

熊彼特还将动态企业家理论引入其研究。熊彼特认为，企业家的活动借用了科学家和发明家的发明，从而创造了全新的投资、经济增长和就业机会。企业家是创新的核心，因为新发明或新想法必须通过企业家的影响实现其价值。换言之，当企业家作为改革者发挥其创造功能时，创新才能有媒介依托实现"创造性破坏"，从而促进经济发展。熊彼特还认为，企业家的主要功能是将现有资源合理分配于"新的用途或新的组合"，且这种功能是唯一的，在经济发展史上起着决定性作用。

（二）熊彼特的创业理论

熊彼特的早期理论十分重视企业家研究，企业家的创业活动也是熊彼特研究的重点。在"第一创业理论"中，熊彼特认为创业就是创新，是创新的实现形式。

在"第二创业理论"中，熊彼特将企业家的概念上升到国家层次，扩大了创业活动研究的范围，提升了研究价值。

1. 第一创业理论

在熊彼特的早期"第一创业理论"提出前，学界关注的企业家概念只是生产或贸易的组织者或管理者、雇主和单一资本所有者，如首次使用"企业家"一词的理查德·坎蒂隆，首次推出"企业家"特征概念的让·萨伊，以及继承并发展了亚当·斯密企业家理论的瓦尔拉斯、约翰·克拉克和阿尔弗雷德·马歇尔等经济和管理领域的顶级研究学者。而熊彼特的"企业家"概念是关于企业家功能特性的。熊彼特认为，企业家可以是一个没有资本的人。除了公司创造者或生产资料管理者之外，那些通过银行贷款购买生产工具来创造"新组合"的个体也被熊彼特称为"企业家"。同时，熊彼特在创业活动研究中只关注与创新相关的企业家功能。熊彼特认为，创业活动并不限于生产或贸易的管理与组织。企业家的创业活动包括使用未尝试的技术制造一件新商品、以新的方式改造旧产品、开辟材料的新供给来源，以及为产品提供新的出口供应渠道或重组产业等。企业家的创业就是充满信心的创新，超越熟悉的范围界限，组织新行动。熊彼特的企业家概念甚至更相当于"创新者"的概念。而创新者若要时刻保持创新，便未必会获得利润。于是，熊彼特认为，没有人是终身的企业家，也没有一个唯利是图的商人是企业家。因此，创业并不是开办公司或以获利为目的的商业活动，创业更相当于一种不断创新的"企业家精神"，或者对于个人而言，他的任务是坚持打破旧的规制，创造新的传统，开创人生新的事业。所以，熊彼特认为，创业也就是创新。

2. 第二创业理论

熊彼特后期的创业理论开始逐渐与前期创业理论偏离。他开始关注组织、国家创业与演化经济学。相比于"第一创业理论"中定义的"企业家"，熊彼特的"第二创业理论"对个人重要性的关注力度要小很多。

熊彼特的"第二创业理论"中的企业家概念减少了个人主义，并将之扩展到组织层面。他认为，企业家是一个杰出的个人主义者，而在"第二创业理论"中明确指出企业家并不非得是个人，国家或组织都可以作为企业家。熊彼特认为创业行为是一种功能，可以不依附于某个人来实施，因此，组织、国家也能实现这一功能。

熊彼特还认为，创业行为是经济活动的中介，即创业者既可以是新消费品的供应者，也可以是市场中新生产手段的购买者。

熊彼特结合演化经济学的相关理论，提出创业能够将独特的生产要素或社会资源投入市场，激发市场活力，带动经济繁荣，从而使得经济能够保持良性的动态发展。由于熊彼特从组织、国家、经济等不同角度探讨创业，使得创业的概念与意义有了更大范围的扩展。

综上所述，通过对熊彼特创新创业理论的回顾与分析，可以得出以下结论：

第一，"创新"是在现有生产体系中引入新的生产要素和生产条件，形成"要素条件新组合"。经济越发展，创新的作用越明显。当经济发展到一定程度后，创新就成为促进经济转型升级发展的关键。实现创新的媒介或依托是创业，企业家只有借助科学家或发明家的创新成果，才能创造全新的投资、增长和就业机会。

第二，"创业"是尝试未知领域、超越熟悉领域的创新，创业是"企业家"坚持打破旧的传统，创造新规则，开辟新事业的活动。换言之，创业也就是创新。

第三，从实现创业功能的角度来看，"企业家"不仅是个人，还可以是组织甚至是国家。"企业家"概念范围的扩大使得创新创业的含义与范围有了新的界定角度，个人、组织或国家都可以借助创新实现创业。

二、德鲁克的创新与创业理论

德鲁克是享誉世界的管理学大师，他继承并发展了熊彼特的创新理论，对创新与企业家精神进行了深入剖析。他对不同类型的组织在面对变革时如何实现创新和如何运用创新战略进行了探讨，并最终提出"企业家社会"的概念。

（一）创新与企业家精神

德鲁克认识到创新与企业家精神的重要性，并且更关注企业家与创新实践。

德鲁克认为，企业家进行创新实践是企业家自己的本职工作，因此"企业家"的概念与其创办的企业规模、性质、所有权，甚至人格特性都无关，那些"专注于创新机遇"并投身于创办新事业的人才是企业家。而创新机遇有 7 个来源，即意料之外的事件（意外的成功或失败）、不协调的事件（实际情况与预期不一致）、基于程序需要的创新、产业和市场结构的变化、人口统计数据的分析、认知及意义的改变、新知识（包括科学与非科学）。

德鲁克还认为，创新是可以学习的，并且具有目的性。天生的创新思维只能诞生一些聪明的创意，创新更需要的是训练，使其从实践中通过创业的形式表现出来。创新不仅需要"灵光一现"，更需要发现创新的源泉。遵守创新规则、条件，将思维与发明应用于实践并推广，服务于社会。德鲁克指出，企业家要对创新的来源进行彻底的思考，因此要走出去多听、多看、多问；创新要有明确的目标，从具体的、小规模的事件开始，并最终取得新领域的领导地位。创新是经济与社会活动双重作用的结果，因此，企业家在创新的过程中要立足于经济与社会发展的现状，挖掘自己的长处，禁忌太聪明、太多样化或尝试超越现实的创新。

（二）创新与创业

德鲁克认为，创新如果仅停留在观念、思想和制度上，没有转化为实际行动，没有借助创业媒介将其付诸实践，就没有任何意义。他从新企业、现存企业，甚至社会公共服务机构等方面讨论了企业家的创业管理行为。其中，新企业是创新的主要载体，而"创业"行为不仅存在于新企业，还存在于现存的"创业型企业"（或创新型企业）中。"创业型企业"是指那些经久不衰的企业，这类企业往往不依赖于企业家的杰出管理，而是在组织内建立了一套创新管理机制，被德鲁克称为"创业型管理"。创业型管理的内容是通过建立一个最高的管理团队，设定各类管理者（企业家）的工作范围、角色，并以市场为中心制定前瞻性的财务计划、公司章程与战略决策。这就解释了为什么历史上一些拥有杰出企业家的企业，一旦离开企业家个人的管理，便会走向平淡无奇，而另一些企业则经历了时间的洗礼后，历久弥新。

正由于德鲁克淡化了企业家个人的力量，提出了"创业型企业"的概念，其随后的创业研究主体便延展到组织，直到提出"创业型社会"的概念。德鲁克明确提出创新创业在各个领域中的作用，并指出其推进了社会的发展。德鲁克和熊彼特都认为，政府（或国家）可扮演"企业家"的角色。"企业家"型政府（或创新型政府）的创新便是以一种循序渐进的方式，先推出新产品，随后实施一项或多项新政策，最后改善公共服务。由于管理的本质是激发和释放每一个人的善意，加之"创业型社会"（或创新型社会）是有目的、有方向和有控制地实现治理社会的目标，因此这种社会类型可以有效避免社会冲突、流血事件或经济危机的发生。于是，构建创新型政府、创业型社会便成了德鲁克后期创新与创业理论研究的重点。德鲁克强调，没有科技含量的社会创新或政策创新比起科技创新，不但更容易发展机会，而且工作周期更短、效益更大、成功率更高。

综上，通过回顾与分析德鲁克的创新创业理论研究，可得出以下结论：

第一，企业家的本质就是实践，就是创新；而创新是实践的创新，创业是实践创新的表现形式。

第二，创新与创业是可以学习、训练的。创新需要通过创业实践去训练（寻找创新源泉），需要遵守规则；创业更需要创新管理机制，创业企业则需要"创业型管理"。

第三，基于新知识，尤其是高科技方面的创新，时间跨度大、风险高、成功率低，而没有科技含量的社会创新或政策创新比起科技创新，不但更容易有发展机会，而且工作周期更短、效益更大。但科技创新与社会创新并不是此消彼长的关系，社会创新更像是刀身，科技创新则为刀刃，科技的创新需要创业型社会为其提供发展环境与研发后盾。另外，国家经济繁荣与社会发展正是企业家创新思维转化为创业行动的结果，因此，理想的创新与创业最终会促使"创新型政府""创业型社会"形成。

三、蒂蒙斯的创业过程理论

随着创新与创业理论的不断发展,相关研究从探讨创新创业的内涵、关系以及重要性逐渐转向其实质与具体应用方面。蒂蒙斯是 20 世纪 60 年代美国创业教育的领袖人物,其开发的创业过程模型从最初的产生到成熟经历了 30 年的时间,对后来创新与创业研究产生了深远影响。该模型的价值在于,将创新重要组成部分的创造力植入创业过程,成为影响商机、团队、资源三者平衡的重要因素,从而构成如今经典的创业过程模型。

(一)蒂蒙斯的创业过程模型

蒂蒙斯认为,商机、团队和资源是创业的核心要素,商机是创业过程的核心驱动力,创始人或工作团队是创业过程的主导者,资源是创业成功的保证,因此,创业过程是商机、创业者和资源 3 个要素匹配和平衡的结果。蒂蒙斯甚至形象地将创业过程模型图中的平衡效果比喻为"杂技表演者在平衡板上表演同时抛出 3 枚小球并保持小球不落地的特技"。政治、经济、社会文化环境以及科技进步等会影响资本市场环境变化,从而使创业长期处于一个动态环境中,模糊性和风险将常伴创业者左右。而要摸清市场变化规律,避免创业风险,就需要创始人分析企业所存在的匹配点与差距,即分析商机的有利与不利因素的比重、调查资源的累积与合理匹配的程度、规划与设计团队工作内容等。这便时刻需要创始人带领团队,捕捉商机、整合资源和制定战略规划,而这其中最重要的驱动力之一就是创始人的创造力。由于市场动态环境的不断变化,顾客的需求也会随之变化,企业据此为客户提供的产品或服务,必须随着环境变化而不断创新,这便要求创始人具备创造性思维,带领团队适应不断变化的顾客需求,最终配置和平衡好商机与资源,完成创业整个过程。

(二)创业过程中的创造力应用

创造力研究在企业管理领域十分重要。创造力本身是创新的重要组成部分。在创业过程中,蒂蒙斯认为,创造力是个体创造具有新颖性与实用性的创意、产品、服务或者流程的特殊能力。由于新企业创建本身就具有新颖性和实用性的特征,因此,创业活动在一定程度上就是某种形式的创造力的体现。创造力是成功创业者必不可少的品质。个体的创造力实际上是发散思维和收敛思维共同作用的过程。在创业过程中,尤其是在创业活动早期,发散性思维发挥着重要作用。根据蒂蒙斯的创业过程模型,个体只有借用创造力释放发散性思维,才能更好地认识复杂事物之间的微妙联系,进而把握变化的商机并领导团队合理配置创业资源,顺利实施创业活动,为社会创造价值。

综上,通过回顾与分析蒂蒙斯的创业过程研究,可得出以下结论:

第一,商机、团队和资源是创业的核心要素,创业过程是商业机会、团队和资源 3

要素匹配和平衡的结果。创造力则是创业者在政治、经济、社会影响下的动态市场环境中，满足消费者不断变化的需求，合理配置与保持商机、团队、资源3要素平衡的最重要工具之一。

第二，创业活动是某种创造力的体现，创造力是创新的重要组成部分，个体的创造力是发散思维和收敛思维共同作用的过程。在创业者识别商机并领导团队合理配置资源的过程中，只有释放发散性思维的创造力，才能识别复杂事物之间的微妙联系，从而顺利实施创业活动，为社会创造价值。

第二节　创新创业机会

一、创新创业机会识别内涵的提出

创新创业机会识别是创新创业领域的关键问题之一。从创新的角度来讲，创新创业机会识别是创新的导向；从创业过程的角度来说，它是创业的起点。创业过程就是围绕着创业机会进行识别、开发、利用的过程。识别创新创业机会是创业者应当具备的重要技能。

创新创业机会以不同的形式出现。虽然创新创业机会的研究多集中在产品的市场机会，但是在生产要素市场上也同样存在机会，如新材料的发现与应用等。商业机会并不是突然出现，而是对于"一个有准备的头脑"的"回报"。在机会识别阶段，创新创业者需要弄清楚机会在哪里与怎样寻找市场机会。对创新创业者来说，在现有的市场中发现创业机会是很自然和较经济的选择。一方面，它与我们的生活息息相关，能真实地感受到市场机会的存在；另一方面，由于总有尚未全部满足的需求，在现有市场中创业，能减少创新创业机会的搜寻成本，降低创业风险，有利于创业成功。

现有的创新创业机会存在于，不完全竞争下的市场缝隙、规模经济下的市场空间、企业集群下的市场空缺等。

1. 不完全竞争下的市场缝隙。不完全竞争理论或不完全市场理论认为，企业之间或者产业内部的不完全竞争状态，导致市场存在各种现实需求，大企业不可能完全满足市场需求，必然使中小企业具有市场生存空间。因此，中小企业可以与大企业互补，满足市场上不同的需求。市场对产品差异化的需求是大中小企业并存的理由，细分市场以及系列化生产使得小企业的存在更有价值。

2. 规模经济下的市场空间。规模经济理论认为，任何行业都存在企业的最佳规模或者最适度规模的问题，超越这个规模，必然带来效率低下和管理成本的提升。产业不同，企业所需要的最经济、最优成本的规模也不同，企业从事的行业决定了企业的最佳规模，大中小企业必须适应这一规律，发展适合自身的产业。

3. 企业集群下的市场空缺。企业集群主要是指地方企业集群，是一组在地理上靠近的相互联系的公司，同处在一个特定的产业领域的企业，由于具有共性和互补性而联系在一起。集群内中小企业彼此间发展高效的竞争与合作关系，形成高度灵活的专业化的生产协作网络，具有极强的内生发展动力，依靠不竭的创新能力保持地方产业的竞争优势。

可见，创新创业机会的识别与了解市场是无法分割开来的。

二、创新创业机会的识别与细分

面对具有相同期望值的创新创业机会，并非所有潜在创新创业者都能把握。成功的创新创业机会识别是创新创业愿望、创新创业能力和创新创业环境等多因素综合作用的结果。

首先，创新创业愿望是机会识别的前提。创新创业愿望是创新创业的原动力，它推动创新创业者去发现和识别市场机会。没有创新创业意愿，再好的创新创业机会也不会被有效识别。

其次，创新创业能力是机会识别的基础。识别创新创业机会很大程度上取决于创新创业者个人（团队）的能力。研究和调查显示，与创新创业机会识别相关的能力主要有远见与洞察能力、信息获取能力、技术发展趋势预测能力、模仿与创新能力、建立各种关系的能力等。

最后，创新创业环境的支持是机会识别的关键。创新创业环境是创新创业过程中多种因素的组合，包括政府政策、社会经济条件、创新创业管理技能、创新创业资金和非资金支持等方面。一般来说，如果社会对创新创业失败比较宽容，那么，创新创业氛围就会很浓厚；如果国家对个人财富创造比较推崇，那么，企业将获得各种渠道的金融支持并拥有完善的创新创业服务体系；如果产业有公平、公正的竞争环境，那么，就会鼓励更多的人创新创业。

下面将分别针对市场缝隙、新兴市场和细分企业对创新创业机会的识别进行分析。

（一）市场缝隙

市场缝隙是指向那些被市场中的统治者（有绝对优势的企业）忽略的某些细分市场。缝隙市场是指意识到自己有未满足需要的存在而又没有发现能充分满足自己这种需要品牌的消费群体。缝隙市场是领导者品牌创建的基础，开发缝隙市场是领导者品牌创建的首要任务。市场缝隙理论是由日本经济学家长岛总一郎在20世纪90年代，通过对几百家企业的管理诊断率先提出来的。该理论认为，在现代市场中总会存在盲点。中小企业生产经营活动要围绕着"寻找市场缝隙"展开，并以新产品的开发作为实施市场缝隙战略的核心。

从本质上讲，市场缝隙战略是一种企业开拓市场的个性化战略，是一种能够充分反映小企业特性的企业经营与发展战略。凡是能够在竞争激烈的市场经济中生存与发展的小企业，除了靠政府扶持之外，一定都具有与其他中小企业不同的地方，即只有创造商品的差异性，才能产生核心竞争能力，从而带来市场的繁荣。能成就领导者品牌的细分市场必然是市场缝隙，即缺乏市场缝隙，无法创建领导品牌。心理学家认为，主观知觉与客观事实常常相佐，消费者会抵制接受那些与已有知识或经验不符的信念。领导者品牌是细分市场消费者群体对品牌的一种主观质量认同，并非品牌客观质量的忠实反映。在细分市场上，消费者已认同某个品牌是最好品牌后，这种观念会导致他们本能地抵触后来接收到的相反信息，即后来品牌即使质量再好，也难以说服消费者改变认识。由此可见，成为领导品牌的最好办法就是率先找到市场缝隙，成为缝隙市场上的领导品牌。

市场缝隙理论客观上为中小企业进行全球营销提供了帮助。

（二）新兴市场

新兴市场是指人均年收入处于中下等水平、资本市场不发达、股票市场价值只占国内生产总值（GDP）的很小部分、工业化程度不高的国家或地区。新兴市场是一个相对概念，泛指相对于成熟或发达市场而言目前正处于发展中的国家、地区或某一经济体，如被称为"金砖五国"的中国、印度、俄罗斯、巴西和南非以及后来兴起的"薄荷四国"——印度尼西亚、尼日利亚、土耳其和墨西哥等。

新兴市场具有 6 大特征：一是高成长与高回报。新兴市场公司常常比西方同类市场增长要快，新兴市场的股票定价效率低，为高回报提供了可能。定价效率低是由监管阻碍（如禁止保险公司入市）、缺乏严格受训的证券分析师和投机者占多数等原因造成的。二是分散化投资带来的好处。新兴市场的出现拓宽了可选择投资品种的范围，这使得投资组合进行全球性分散化经营成为可能。三是反经济周期的特性。由于新兴市场国家所实行的财政政策和货币政策与西方发达国家迥然不同，新兴市场国家的经济和公司盈利循环周期与西方国家的股票指数相关度很低，有的甚至是负相关，因此，在欧美国家出现不利的经济循环时，对新兴市场的投资可以有效对冲掉上述不利影响。四是市场规模普遍偏小。例如，整个菲律宾股票市场的市值还没有美国杜邦公司的市值大。五是投机者和追涨杀跌的投资者占多数，这种投资者结构产生的一个直接后果就是西方经典的股票估值技术在新兴市场国家常常不适用，股票的定价通常取决于投资者的情绪。六是新兴市场的投资者普遍不成熟。例如，在巴西，投资者把好的公司和好的股票混为一谈，不考虑价格因素。以上这些都是不成熟的表现。

（三）细分市场

市场细分是指营销者通过市场调研，依据消费者的需要和欲望、购买行为和购买习惯等方面的差异，把某一产品的市场整体划分为若干消费者群的市场分类过程。每一个消费者群就是一个细分市场，每一个细分市场都是具有类似需求倾向的消费者构成的群体。细分消费者市场的基础包括：①地理细分，如国家、地区、城市、农村、气候、地形；②人口细分，如年龄、性别、职业、收入、教育、家庭人口、家庭类型、家庭生命周期、国籍、民族、宗教、社会阶层；③心理细分，如社会阶层、生活方式、个性；④行为细分，如时机、追求利益、使用者地位、产品使用率、忠诚程度、购买准备阶段、态度。

如何进行市场细分？在进行市场细分之前，需要先把市场进行区隔。共性需求产品一般从年龄上直接区隔就可以了，但是市场上的产品不仅是共性需求产品，还有满足其他方面需求的产品，有满足爱好的、满足娱乐的，还有满足欲望的。不同的产品针对的人群不一样，只要把产品对应的人群分开，就会形成一个个区隔的人群范围。区隔市场与市场细分不同，区隔是区隔出一个大的市场人群，也叫"市场区隔"。一个大产品类别对应的市场的一类人群就叫区隔市场。在区隔市场中，还可以把已经区隔的人群进行细分，此即细分市场。在产品的共性利益基础上加上个性利益，然后将关注点放在某一年龄段不同个性特点的人所要求的个性利益点上，就是细分。例如，将产品的特点对应于 25 ～ 35 岁的人群中每一种个性化的利益需求人群，就叫"细分"。随着市场的成熟，市场的划分会越来越细。随着市场竞争的加剧，在大的细分市场下还出现了更细的细分市场。例如，服装可以从职业上划分，可以从生活方式上划分，还可以从早上、中午、晚上等时段来划分。另外，还可以依靠调研考量市场的成熟程度进行细分。一个需求满足之后，人们会追求更高层次的需求，消费者的认识是逐步发展的，企业要根据市场的调研结果来考虑产品的市场处于什么阶段，只有到了相对成熟的状态下，才可以用产品去细分。

用产品细分的目的也是对应市场的需求，所以说，市场细分是在市场成熟的条件下产生的。

三、机会发现的成功要素

许多企业遭受失败不是因为创建者没有努力工作，而是因为没有真正的机会去开始。创意与机会并不等同，创意是一种思想、概念或想法，创意可能不会符合机会的标准。而机会窗口是一种隐喻，描述企业实际进入市场的时间期限。创新创业者利用机会时，机会窗口必须是敞开的，一旦新产品市场建立起来，机会窗口就打开了。而机会窗口关闭后，新建企业想要成功，就会十分困难，除非专注细分市场，随着市场成长，企业进入市场并设法占据有利可图的地位。另外，某个节点市场成熟后机会窗口也会关闭。因此，创新创业者在因商业创意而激动兴奋时，要了解创意是否填补了某种需要，是否符合机会的标准，这是至关重要的。机会的识别首先要观察趋势，看创意是否填补了某种需求。

其次要进行分析，看创意是否符合机会的标准。如果全部都满足，说明已经发现了市场的缝隙。

创新创业的根本目的是满足顾客需求，而顾客需求在没有得到满足前就是问题。寻找创新创业机会的一个重要途径是善于发现和体会自己与他人在需求方面的问题或生活中的难处。创新创业的机会大都产生于不断变化的市场环境中，环境变化了，市场需求、市场结构必然发生变化。彼得·德鲁克将创新创业者定义为那些能"寻找变化，并积极反应，把它当作机会充分利用起来的人"。这种变化主要来自产业结构的变动、消费结构升级、城市化加速、人口思想观念的变化、政府政策的变化、人口结构的变化、居民收入水平的提高、全球化趋势等诸多方面。

第三节　创新创业团队

一、创新创业团队的含义及其重要性

（一）创新创业团队的含义

有一些企业是由创新创业者独自创立且拥有的，也有不少企业是由两个或两个以上的人共同创立的。虽然不乏独立创新创业成功的案例，不过一般而言，独立创新创业者创办的企业成长较为缓慢，因此，风险投资者通常对它们不太关注。当然也并非采取团队创新创业方式就一定会获得成功，但人们普遍相信，纵然创新创业团队成功的概率不一定高，但创新创业团队成功后所产生的价值一定相对较高。

由此可见，创新创业团队是指由两个或两个以上具有一定利益关系的才能互补、责任共担、愿为共同的创新创业目标而努力奋斗的人共同组建形成的工作团体，他们在新创企业中往往处在高层主管位置。狭义的创新创业团队是指为了一个共同目的、共享创新创业权益、共担创新创业风险的一群创建新创企业的人。广义的创新创业团队则不仅包括狭义的创新创业团队，还包括与创新创业过程密切相关的各种利益相关者，如风险投资者、董事会、出资人、专家顾问团等。

（二）创新创业团队在创新创业中发挥的重要作用

在当今激烈的市场竞争中，仅凭单个创新创业者的力量很难取得成功。很多创新创业成功的范例通常是由拥有不同专长、优势互补的创新创业团队创造的。

一个好的创新创业团队对企业的成功起着重要的作用，主要体现在以下几个方面：

1. 满足创新创业的需要

在创新创业的过程中，可能会涉及资金运转、客户来源、技术攻关和产品销售渠道等诸多问题。想要一个人独立完成这一系列的工作，客观来说压力是巨大的。而创新创业团队的存在能够发挥成员各自所长，将这些创新创业相关事宜高效率、高质量地完成。

创新创业要成功，就要具有专业技能、经营管理、处理人际关系等不同方面能力，但一个人很难拥有全部能力。因此，只有组建创新创业团队，让具有不同知识结构和专业背景的人共同创新创业，才能满足创新创业项目运行的需要。

2. 获取外界投资

简单来说，个人独自创新创业的创新创业者去寻找投资者，投资者很可能兴趣不大。但如果告诉投资者自己有一支高水平的创新创业队伍，那么投资者很有可能给这位创新创业者一个机会。因为客观上，团队比个人更有创造价值的潜力。

创新创业者对于资金的渴求，就像大旱时盼望雨水一样，但投资者并不糊涂，没有好的项目，没有好的管理团队，他们宁肯把钱放在腰包里也不愿投资。在这样的情形下，创新创业团队的作用就至关重要，好的创新创业团队，往往会用管理能力、运营能力征服投资者，获得投资，开创事业。

3. 激发创新创业者的斗志和灵感

创新创业团队的存在，一方面无形中给创新创业领导者一种压力，因为创新创业领导者在考虑自己的同时，也要为团队成员的未来考虑。因此，领导者必须时刻保持高昂的斗志，这样才能带动整个团队的氛围。另一方面，在团队遭遇困难时，团队成员之间群策群力，产生灵感火花，并通过互相鼓励和支持，迅速摆脱困境，实现新创企业的快速成长。

4. 缓解创新创业初期的矛盾

在创新创业的初期，往往存在人员紧张、组织结构不完善、职能划分不清等问题，而创新创业团队可以有效地解决这些问题。团队成员各尽其能，以别人的长处弥补自己的短处，从而提高自身的创新创业效率，可以帮助创新创业团队少走弯路。

二、创新创业团队的类型和特点

一般来说，创新创业团队类型大体上可以分为 3 种：星状创新创业团队、网状创新创业团队、虚拟星状创新创业团队。这和网络拓扑结构极其相似。

（一）星状创新创业团队

一般在星状创新创业团队中有一个主导人充当领军的角色。这种团队在形成之前，一般是主导人有了创新创业的想法，然后根据自己的设想进行创新创业团队的组建。因此，在团队形成之前，主导人已经就团队组成进行过仔细思考，根据自己的想法选择合伙人，这些合伙人也许是主导人以前熟悉的人，也有可能是不熟悉的人，但其他的团队成员在企业中更多时候是支持者角色。

这种类型的创新创业团队具有以下特点：

1. 组织结构紧密，向心力强，主导人物在组织中的行为对其他个体影响较大。

2. 决策程序相对简单，组织效率较高。

3. 容易形成权力过分集中的局面，从而使决策失误的风险加大。

4. 当主导人物和其他团队成员发生冲突时，主导人物的特殊权威使其他团队成员往往处于被动地位，在冲突较严重时，一些团队成员会选择离开团队，因而对团队的影响较大。

（二）网状创新创业团队

网状创新创业团队的成员一般在创新创业之前都有密切的关系，如同学、亲友、同事、朋友等。大家一般都是在交往过程中，共同认可某一创新创业想法，并就创新创业达成共识，然后开始共同进行创新创业。在创新创业团队组成时，没有明确的核心人物，大家根据各自的特点进行自发的组织角色定位。因此，在企业初创时期，各位成员基本上扮演伙伴角色。

这种创新创业团队具有以下特点：

1. 团队没有明显的核心，整体结构较为松散。

2. 组织决策时，一般采取集体决策的方式，通过大量的沟通和讨论达成一致意见，因此组织的决策效率相对较低。

3. 由于团队成员在团队中的地位相似，因此容易在组织中形成多头领导的局面。

4. 当团队成员之间发生冲突时，一般都采取平等协商、积极解决的态度消除冲突，团队成员不会轻易离开。但是一旦团队成员间的冲突升级，使某些团队成员撤出团队，就容易导致整个团队的涣散。

（三）虚拟星状创新创业团队

虚拟星状创新创业团队是从网状创新创业团队演化而来的，基本上是前两种类型的中间类型。在团队中，有一个核心人物，但是该核心人物地位的确立是团队成员协商的结果，因此，核心人物在某种意义上是整个团队的代言人，而不是主导型人物，其在团队中的行为必须充分考虑其他团队成员的意见，不像星状创新创业团队中的核心主导人物那样有权威。

三、成功创新创业团队的特征

一般来说，创新创业团队成员之间存在高度的互补性，但是只有在性格、能力等方面具有一定共同特质的人在一起组成的团队才能开拓出一番事业。人们往往愿意同在许多方面与自己具有相似性的人交往，觉得相互之间更加了解，而且更容易自信地对彼此未来的反应和行为加以预测，就像人们常说的"志同才能道合""道不同，不相为谋"。

那么，优秀的创新创业团队成员在性格、能力方面以及专业水平方面均应具备哪些特征呢？有关专家对一些成功的创新创业团队成员进行调查和分析，得出结论：一般来说，一个成功的创新创业团队成员均具备以下 5 个特征。

（一）强烈的企图心

企图心是指一个人做成某件事情或达成既定目标的意愿。卡耐基说："企图心是将愿望转化为坚定信念与明确目标的熔炉，将集中你所有的力量和资源带领你到达成功的彼岸。"新创企业往往会面临资金、技术、人脉等诸多问题，尤其需要创新创业团队成员有坚定的创新创业信念和不屈不挠的斗志，如果没有强烈的企图心，创新创业团队会失去发展的动力，新创企业很难在激烈的市场环境中生存和发展。团队成员强烈的企图心可以促进整个团队努力进取、克服困难。

（二）性格平和，心胸宽大，宽厚待人

新创企业在规范管理方面还处于萌芽阶段，制度和规范，尤其是对人的规范往往没有建立起来，大家所站的立场，以及个人经历、性格特点各不相同，团队内部很容易产生争议。创新创业者应该有博大的心胸，能宽厚待人，懂得如何把握"合作"带给自己的快乐、喜悦和丰收的硕果。

在选择好合伙人后，我们就需要与合作者或合伙人和睦相处，虚心听取别人的意见，遇事要不急不躁、心态平和。如果一味地自以为是，听不进反对的声音，创新创业是不能成功的。

（三）专业能力的完美搭配

选择不同专业和技能的人加入创新创业团队，一个重要原因就在于弥补创新创业目标与自身能力间的差距。好的创新创业团队，成员间的能力通常都能形成良好的互补，而这种能力互补也会有助于强化团队成员间彼此的合作。优秀的创新创业团队中的人员各有所长，大家结合在一起，正好互相补充、相得益彰。

（四）公平合理的利益分配机制

对新创企业来说，建立起一整套公平合理的利益分配机制至关重要。在创新创业时，首先要明确创新创业团队成员是需要激励的，要尊重并认可成员为企业所创造的价值，

并要及时给予他们应有的回报。在创新创业实践中，许多创新创业团队在创新创业初期还能够大家心往一处想，到了企业走向正轨时，因为利益分配问题导致创新创业团队离心离德。因此，在设计利益分配机制时，要做到合理、透明与公平，股权激励要与他们所创造的价值、贡献相匹配。

（五）坚守基本经营理念

新创企业要得到快速发展，必须坚守基本的经营理念。它主要包括顾客第一、质量至上和诚信经营的原则，在此基础上，还要做到科学管理，重视科学技术在企业中的具体应用，尊重员工，为员工的发展提供良好的平台。

第四节　创新创业资源

一、什么是创新创业资源

创新创业不能缺少资源，而不同的学者对创新创业资源的界定是不尽相同的。

一些学者认为创新创业资源是在整个创新创业过程中，为了将目标实现而使用的各种有形的和无形的资产的总和。一些学者认为创新创业资源指的是在创新创业活动过程中投入的各种要素和要素的组合。另一些学者认为创新创业资源是创业中投入的无形和有形的资产。还有一些学者认为创新创业资源是在创业过程当中前后投入和利用的物质、能量、知识等的总和。创新创业资源作为一种特殊的资源，不仅会具有资源所具备的共同性质——利用价值、为企业创造价值、体现企业竞争力等，还具备一个特殊性——是创业者捕捉创业机会和制定战略的基础所在。

二、创新创业资源类型

创业资源的种类多种多样，根据不同的标准，创新创业资源分为不同的类型。

接下来，我们就从下面几个分类角度了解一下创新创业资源的类型。

（一）按照资源性质分类

按照资源的性质，创新创业资源分为人力资源、财务资源、技术资源、组织资源和物质资源六大类。

1．人力资源

（1）基本内容

创新创业者和创业团队的知识、经验、技能等，创新创业组织和成员的专业知识、判断力、事业、理想以及创业者的人际关系网。

（2）重要作用

创新创业者本身就是团队中一种不可或缺的人力资源。这时因为创新创业者能通过外部环境寻找到创业的机会，发现存在的风险。正是创新创业者发挥着重要作用，所以从根本上而言，创新创业项目间的竞争就是创新创业者间的竞争。

2．财务资源

（1）基本内容

财务资源主要指的是货币资源，包括资金、资产、股票、债券等。

（2）重要作用

对刚起步的创新创业者而言，具有一定量的财务资源对团队的发展和成长都非常重要。不过因为初创企业在信誉方面存在的问题，这就导致这些企业很难通过正常渠道从银行、证券等机构筹备到大量资金，因此通过身边的亲人和朋友筹集资金是一种不错的方法。一般而言，创新创业团队能在初期以低于市场平均水平的资本成本筹集到大量的资金，是其获得成功并顺利经营的前提条件。

3．物质资源

（1）基本内容

创新创业活动顺利进行所需的各种有形的资产和一些自然资源。有形的资产包括建筑物、设施、机器和办公设备以及原材料等；自然资源指的是矿山、森林等。

（2）重要作用

物质资源在一定程度上也能成为企业所具备的重要的战略资源。比如创新创业企业依靠良好的地段优势顺利获得成功。针对此类型的创新创业企业而言，这种物质资源可能是其发展的关键点。

4．技术资源

（1）基本内容

技术资源包含关键技术、制作流程、作业系统、专业生产设备等。它分为三个层次，第一个层次是在自然科学技术和生产时间经验的指导下而发展的工艺流程、加工方法和劳动技能和窍门等；第二个层次是生产工具和其他物资设备，而这些设备主要的作用是实现上述的流程、方法、诀窍等；第三个层次是同现代劳动分工和生产规模相符合的，利于组织和管理生产系统中的全部资源的知识、经验及方法。

（2）重要作用

作为创新活动不能缺少的资源－技术资源，在创新驱动和大力发展战略性新兴产业的背景下直接影响着创新创业活动的成败。创新创业活动的前提和科技型创新创业企业的保障便是拥有大量专利型技术。

5. 组织资源

（1）基本内容

组织资源包含组织文化、组织结构和组织内部管理制度等，这些资源都要依附组织内部的资源。不过，创新创业者个人或创新创业团队对组织资源的构建有着不可替代的作用。

（2）重要作用

和谐的组织文化、有机的组织构建和协调的组织内部管理系统等对创新创业组织的顺利生产和发展有百利而无一害。

（二）按照资源属性分类

1. 有形资源

有形资源指的是具有物质形态、价值，能用货币衡量的一种资源。它包含了组织赖以生存的自然资源，建筑物、机器设备等物质资源，资金等财务资源。

2. 无形资源

无形资源指的是非物质形态、价值，不能用货币进行衡量的一种资产。它从内部维度上进行划分，可以分为不依赖人的资产合同、许可证、智力资源、商业秘密等法律相关资产以及声誉、资料库等法律之外的资产；依赖人的技能——员工技能、供应商技能、分销商技能等技能以及质量感知、变革管理能力和服务感知等组织文化。

（三）按照资源来源分类

1. 内部资源

内部资源指的是创新创业者或者其团队自身所拥有的能利用在创业上的资源。它包含创业者拥有的资金、技术和创业信息等。

2. 外部资源

外部资源指的是创新创业者或其团队从外部得到的各种资源。它的获取途径有两种，一种是创新创业者个人或其团队从社会或者垂直网络，比如，朋友、家人或者供应商等获得投资的资金、设备或者其他资源。另一种是通过组织的水平网络也就是竞争者获得资源。

（四）按照资源的重要性分类

1. 核心资源

（1）基本内容

核心资源包含技术、管理和人力资源。

（2）重要作用

核心资源对创新创业企业而言是同其他企业不同的地方，同时也是企业的核心竞争力，是创业机会识别、创业机会筛选和创业机会应用几个阶段的主要线索，创新创业企业也一定要以此为基准点，扩大和发展企业的外延。

2. 非核心资源

（1）基本内容

非核心资源包含场地、资金和环境资源等。

（2）重要作用

创新创业企业能否成功的症结点便是企业怎样获得资金，让资金周转率保持稳定，将预期的营利目标实现。良好的场地资源不仅能降低企业生产和运营的成本，为企业提供便利的生长环境，还能在短时间内获得更多的客户资源和优质廉价的供货商；作为外围资源的环境资源对企业的发展也产生着重大影响，比如，文化资源对企业管理资源的可持续发展有促进作用。

三、创新创业资源的获取

创新创业资源的获取指的是确认和认识资源后，获得所需要的资源，然后让其为创新创业服务的一个过程。创新创业资源的获取对企业有决定性作用：决定着企业是不是可以将创业的计划付诸实践，决定着企业的组织形式。

（一）影响创新创业资源获取的因素

1. 创业导向

创业导向是一种创业态度和意愿，其会导致一系列创业的行为。创业导向是通过识别和开发促进创业机会，然后促进创业资源的获取。基于上述因素，创新创业者一定要将创业导向的培养和实施重视起来，对创业者的特质、组织文化和组织激励等对创业导向的影响因素进行关注，进而采取有效的方法或措施获得创业的资源。同时要在资源动态获取、整合和利用过程中区分资源，让知识资源的促进作用充分发挥出来。

2. 创意的价值

创业的关键点是创意。创新创业资源获取的标杆便是创业创意，不过创新创业资源的获取还要看创意的价值被资源拥有者认可的程度。也就是说，能被资源拥有者认同，具有创意价值，创业者才能轻而易举地获得这种资源。

3. 创业资源配置的方式

人们对同一种创业资源拥有不同的期望值。而一些期望值无法通过市场交易的方式实现，所以这时假如能利用资源配置的方式，开发出新的效用，让其能更好地满足资源拥有者的期望，那么创业者就可以从资源拥有者的手中获取更多资源使用权限，进而顺利展开经营活动。

4. 创业者自身管理能力

创业者的管理能力代表着企业软实力。管理者的能力越强，获取资源的可能性也就越大。在衡量创业者的管理能力时，我们可以通过沟通能力、激励能力、行政管理能力、学习能力和协调能力等方面进行。创业通过管理者的能力既可以获取相应资源，也可以为企业营造良好的发展环境。

5. 社会网络

社会网络是一种网络关系，是机构间和人与人间能长久维持且稳定的多种关系相结合形成。社会网络对创业资源获取有重要意义，因为创业资源广布于各种资源拥有者手中，这些拥有者又处于不同的社会网络中，加之人们所处的网络或网络中的地位会影响其对商业活动的认识和参与。

不一样的社会网络及其所处地位，能够提供不同的沟通和协调的渠道。在社会网络之中拥有优势地位的创业者，拥有良好的社会依托关系，能有选择性地了解不同对象的有效果的需求，具有针对性地对不同对象传递不一样的创业创意，进而带有目的性地获取资源拥有者的信任以及理解，最终能从不同资源拥有者手中成功获得所需要的资源。

除了上述这几种影响因素外，影响创新创业者获取资源的因素还有创业者对资源的识别能力和外部的环境。

（二）创新创业资源获取途径

创新创业资源获取的途径有两种：市场途径和非市场途径。市场途径常用在创业者需要的资源具有活跃的市场或者有类似好的能对比的资源进行交易。除了上述这两种情况外，其他情况下只能使用非市场途径。

1. 市场途径

通过市场途径获取创新创业资源一般会选择购买或联盟的方式。

（1）购买

此方式指通过市场购买的方法，用财务资源支付获取外部资源。资源包括厂房、设备等资源，专利、技术等技术资源，以及招聘有经验的员工和通过外部融资的方式来得到资金支持，等等。

知识特别是隐性知识等资源很可能附加在非知识的"身上"，虽然能通过购买物质资源得到，但是要想通过市场直接购买那是非常困难的，这就需要创新创业企业一定要利用非市场途径不断积累和开发。

（2）联盟

此方式是对自身无法或难以开发的资源，通过同其他组织联盟而共同开发。此方法既可以让开发企业获得显性知识，还能汲取到很多隐性知识资源。

使用此方法的前提是联盟的双方在资源和能力方面既互补又有相同的利益，因此，还能在资源价值和使用方面达成共识。

2．非市场途径

利用非市场途径获取资源的方式有两种，分别是资源吸引和资源积累。

（1）资源吸引

此方式指的是利用创新创业者的创业计划、创业创意、创业团队的信誉度以及美好的创业前景等来吸引各种资源的一种方式。此方式发挥无形资源的杠杆作用。

（2）资源积累

此方式指的是利用现在拥有的资源，通过企业内部的培养获得所需的资源。这些资源包括自己建造厂房、设备，在企业的内部进行新技术研发，利用培训等方法提升员工自身的能力和知识，利用企业自身积累获得资金，等等。

在获取创新创业资源时，究竟使用哪种获取途径主要取决于市场可用性和成本等因素。不过，无论使用什么方法，但通过多种多样的渠道得到不同的资源总是正确的选择。

（三）获取创新创业资源的窍门

为了能及时且低廉地获取创业所需的资源，创业者一定要掌握获取创新创业资源的窍门。

1．对人力资源的获取一定要重视

人力资源在创新创业中发挥着决定性作用，这就要求创新创业者务必重视其资源的获取。在培养人力资源时，创业者首先要提升自身的能力，其次要将团队建设重视起来，因为一支知己知彼、才能各异、能力互补、目标相同、彼此信任的团队在创业资源中最为重要，同时也是创新创业者成功的前提保障。

2. 获取资源坚持能用和够用的原则

并不是全部资源都能适合创新创业者使用，因此，在获取资源必须坚持能用原则，选择自己需要，能自行支配并能将其作用充分挖掘出来的资源。只有坚持此原则选择出的资源才是需要获得的资源。

资源的价值是有一定衡量标准的，是要付出代价的，因此在获取资源时要懂得适当够用原则。之所以坚持这个原则，那是因为一方面有限的资源让创新创业者很难获得更多资源，另一方面是因为一旦使用资源的收益无法弥补成本，那么获得的资源就无法为企业带来利润。

3. 获取资源时最好选择多用途和杠杆资源

资源的特性决定着资源的用途，一些资源因为使用的场合不同可能会发挥不同的作用，因此在选择资源时要以多用途资源和杠杆资源为主。多用途资源对创新创业过程遇到的意外有帮助作用。在信息知识爆炸的时代，创造性的知识可以说是高杠杆资源。合理利用高杠杆资源能让其获取杠杆效益，达到事半功倍的作用。

案例

雷军的小米管理术：不要过度管理一个创业公司

"1＋1＞2"是个富有哲理的不等式，在创业中也是如此，在创业的过程中组建一个合适的团队，网罗所需要的人才，并且最大限度地发挥他们的聪明才智，这是创业成功的关键一步。一般来说，创新创业团队成员之间存在高度的互补性，但是只有在性格、能力等方面具有一定共同特质的人在一起组成的团队才能开拓出一番事业。小米作为一家成熟的企业，是如何进行管理的呢？本书选用了小米的创始人雷军在2019年获得复旦大学企业管理杰出贡献奖的演讲，以下为演讲的节选部分。

小米的这9年有什么管理上的经验呢？

9年前我创办小米的时候，事实上并不是首次创业的大学生，在此之前我参与创办了金山软件，也管理了几千人规模的公司，所以我在做小米的时候给自己定了一个很简单的要求——我要做一个真正的创业者。这个话其实信息量很丰富，其中最重要的一条，就是不要过度管理一个创业公司。我想的最多的是如何简化管理，甚至我不需要管理。在创办公司的初期，我们提出了去管理、去KPI、去title。为什么会这么想呢？因为在一个极高速的时代，一定要想清楚什么东西是最重要的。

01 找人是管理的第一个切入点

从这个问题开始，我思考的是什么样的公司不需要管理，什么样的人不需要管理。假如我们找到这么一群人，树立一个共同的目标和共同的利益，这个问题是不是就解决了呢？所以我把找人作为管理的第一个切入点，我要找到不需要管理的人，我们后来总结了这些人的三个重要特点：

第一个特点，首先他得能干，有能力。

第二个特点，他要有高度的责任心。在没有外部激励的时候，这种责任心能够确保他把每一个动作执行到位，所以我们对责任心的要求非常高。因为责任心可以使我们简化很多流程。

第三个特点，有强大的自驱力。这个自驱力是我们理解共同的愿景，大家在一起干一件什么样的事情，而你对此是否认同，之后，我们采用了互联网的手段，用股权和期权在内部形成一个利益共同体，使大家为了一个伟大梦想，也为了每一个人自身的利益，有效地团结在一起。

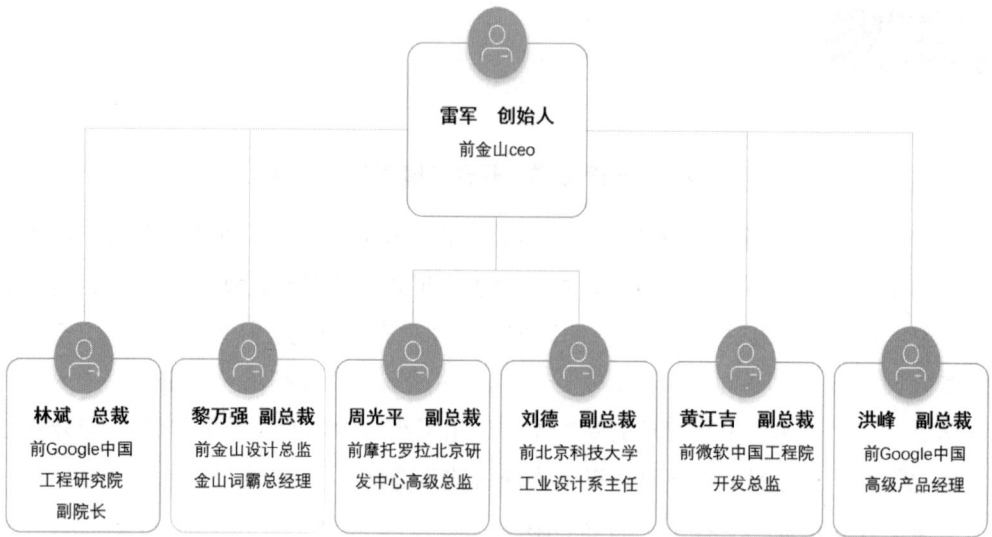

图片来源：资鲸学堂

  这一点简单来说就是志同道合，找一群优秀的人志同道合。所以在小米创办的第一年，我们有 80% 的时间在面试。我们曾经在寻找一个关键技术人员的时候，核心团队在三个月时间里面跟他谈了十几次，每一次持续四五个小时甚至十个小时之久。

  现在常说人才缺失，我觉得首先应当思考你是不是花了足够多的时间。有个成语叫三顾茅庐，而在今天，为了招募人才三十次顾茅庐都不为过。我们常开玩笑说不是找不到人才，只是企业下的功夫不够。怎么在初创企业、快速变化的企业里面管好人，首先要找对人。他要有能力，有高度的责任心和高度的自驱力，找到这样的人以后，你的管理稍微弱一些，其实也完全没有问题。

  ……

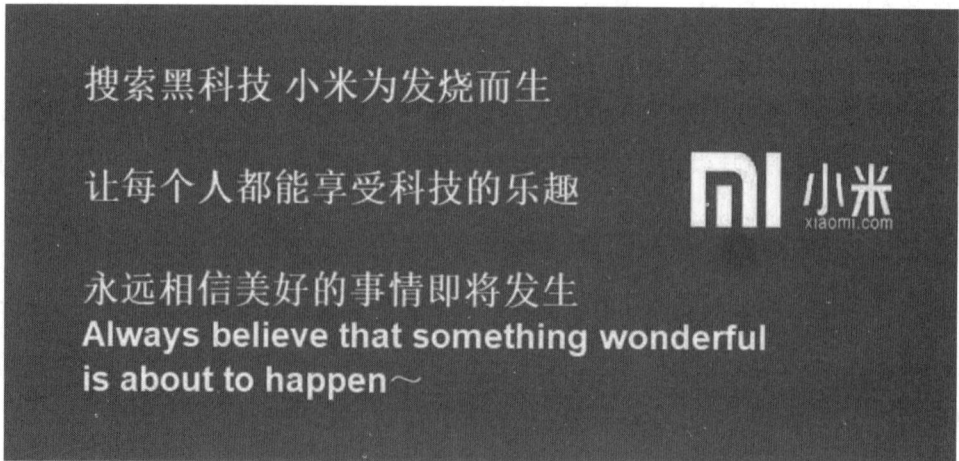

图片来源：小米官方

02 打造相对平等的管理氛围

再一个特点，去 title。在早期的小米，我们按刚才的要求找了一百零几个人。其实他们比较典型的形象基本上都是在 30 岁左右，有了相当丰富的经验，而且特别想做一些伟大的事业，我们就聚集了这样一批人。到今天为止这 100 人里面应该还有 90 到 95 个人还在小米，也都活跃在我们非常重要的岗位上。

我们初期提的去 title 是什么意思呢？是我们基本上都给他们一个 title 叫工程师，因为如果给一个总监的话，可能另外一个人跟他差不多能干的人，说你给我一个经理肯定不行。如果你要给我一个总监的话，那整个办公室里面全部是总监。如果是工程师，大家都是工程师，反而能容纳更多能干的人。

所以在初期，小米刻意混淆了层级，小米在很长时间里面是没有级别的，而且到今天为止作为一个两万多人的企业，小米集团副总裁以上的管理者只有十三四个人。在这样的相对平等的氛围里面，使每一个业务单元都具备非常强的主动性，初期我们在试验去 title 时也取得了很了不起的成绩。有时候我们想提拔个别做得非常出色的同事们担任管理岗位的时候，他们都说其实不需要，现在这样更好。所以基于这样一种管理氛围，我们创业了 9 年时间。

……

第五章　创新创业实践

创新创业是国家发展之根，是民族振兴之魂。推动社会发展，不仅需要解放生产力，更需要解放人自身的创造力。因此，本章对创业计划书编制、创业资金筹措、新创企业设立、新创企业营销管理进行深入探究。

第一节　创业计划书编制

一、什么是创业计划书

创业计划书是为创业所做的书面计划，具体描述和全面分析创业所需的各种条件和必须考虑的各种有利或不利因素。

创业计划书是一份将自己的创业愿望转化为实际操作的详细"路线图"，能使自己有明确的创业目标，客观地认识产品的优势和劣势，清楚创业的风险所在，帮助创业者理清思路，准确定位。创业不是玩游戏，创业者应该以认真的态度对自己所有的资源、已知的市场情况和初步的竞争策略尽可能做详细的分析，并在此基础上形成行动计划。

创业计划书不只是让创业者清楚自己的创业内容，坚定创业目标，更是创业者与投资人、政府有关部门沟通的"桥梁"。创业计划书就是将你的创业项目即具有市场前景的新产品或服务，向潜在投资者和合作伙伴等游说以取得合作支持或风险投资的可行性商业报告。投资人通过阅读你的创业计划书，了解你创业的目的和意义、产品定位、营销形式和营销策略、融资渠道、创业步骤等内容，进而考虑是否投资。政府有关部门通过阅读你的创业计划书，了解你的创业项目，进而从创业政策和创业环境等方面给予支持和服务。

古人说："凡事预则立，不预则废。"好的创意在付诸实践之前，拟订一份全面、科学、可行的创业计划书是必需的。

二、创业计划书的构成

创业的项目种类繁多，有加工制造、餐饮服务和商业零售；创业的形式多种多样，有实业创业和网络创业，有自主创业和加盟创业。因此，创业计划书也不可能有完全统一的模板。但作为应用文体，创业计划书必须包含基本的创业要素，遵循写作的逻辑顺序。创业计划书一般由首页、目录、正文和附录四部分组成。

明确了创业计划书的基本要素只是写作的第一步，创业者撰写计划书时要进一步拓展和细化，周密安排。具体来说，要考虑到以下内容：

（一）首页

设计一个图文并茂、富有创意的首页，既反映创业者对该创业项目的重视，也给读者留下良好的第一印象，并产生对创业计划书的阅读期待，进而关注你的创业。首页要有醒目的标题，通常由"企业名称＋项目名称＋文种"构成，如《××公司花卉种植创业计划书》；也可省去企业名称，如《"夕阳红"养老服务创业计划书》。如果有企业徽标和广告词，也可在首页展示，但不可喧宾夺主。

（二）目录

目录是整个创业计划书的索引。按照结构和顺序逐一排列每个栏目的标题及小标题，以及相对应的页码。目录为读者检索文章内容所备，是创业计划书内容信息的集中体现。目录页与整个计划书内容之间要有对应关系。

（三）正文

1. 项目摘要

摘要是对创业计划内容的概括和提炼，是整个创业计划书的高度浓缩，它能让阅读者在较短时间内了解文本的重要内容，如企业名称、法人代表、部门设置、注册地点、经营场所、注册资本、现有股东名单、股权结构及其背景资料等。如果是连锁经营，还要介绍母公司和子公司的相关情况，如法律关系、股权比例、职责权限及各部门的负责人及业务范围。

其他如产品或服务描述、行业及市场分析、销售与市场推广策略、融资与财务说明等内容都要在摘要里有简明的介绍。项目摘要是创业计划书的提纲，要与后面正文的描述有主次、详略之分，篇幅一般控制在 A4 纸 2 页以内。

2. 产品描述

产品是吸引投资者的要素之一。产品能够满足人们的需要，而且只有通过生产销售企业才能盈利，投资者才能得到回报。所以，这一部分描述如果能打动投资者，则投资款就有望了。写作时可以附上产品的图片或产销流程图，以吸引投资者。

产品介绍的主要内容可概括为"4P"，即产品（product）、价格（price）、渠道（place）、促销（promotion）。具体来说，产品描述要介绍产品或服务的特点、性能用途和特征、大小、形状、颜色和基本功能、研发情况、生产计划安排、产品的技术改造和更新换代，以及市场前景预测和竞争优势、知识产权保护等。在此基础上，产品介绍要着重描述产品优势所在，是技术含量高还是性能超群，是成本低廉还是包装独特。产品介绍可以采用一些精彩的词句，但不能不着边际地夸大其词。

3. 市场分析

市场机会是投资者决定是否进入市场的关键因素，因此对创业投资者来说市场分析是最具吸引力的内容。创业者应当对市场机会做精准的分析，这样才能吸引投资者的关注。

（1）分析市场。在确定目标市场后，创业者需要对创业所涉及的政治环境、经济环境、社会文化环境、技术环境等宏观环境做分析，同时也要对企业、供应者、营销中介、顾客等微观环境做分析。

（2）分析竞争对手。创业者要详细说明自己与竞争对手的竞争优势，估计市场份额和销售额，预测市场发展的走势，明确自己通过什么途径与对手展开竞争，制定能够取胜或者实现共赢的策略。

（3）风险评估。评估企业的主要风险，并对可能的风险提出防范措施，做到未雨绸缪。对于新创企业来说，风险可能存在于以下几个方面：管理风险、市场风险、技术风险和财务风险等。

4. 营销策略

营销策略就是对达到预期销售状况进行描述和分析，详细说明创业机会与竞争优势的总体营销策略，阐述产品营销的渠道、促销手段和激励方式，以及广告或公关策略等，从而为顾客提供满意的商品或服务，实现企业目标。投资者十分关注营销策略，他们通过营销策略可以看出企业的营销能力以及获利情况，进而决定是否投资。

5. 团队管理

人力资源是企业生存和发展的根本因素。创业计划书要介绍公司的管理团队，如股东、董事、企业管理人员和法律顾问，以及公司的组织结构情况、创业团队成员的教育和工作背景，如职称、专长、经验能力、取得的成果、行业中影响力等，明确各成员之间的管理分工和互补情况，展示企业公共关系网络，从而增强投资者对企业的认知。

6. 财务计划

财务计划是企业管理的核心内容，也是投资者最为重视的内容，创业计划书必须对此进行具体分析和详细说明。财务计划的内容较为庞杂，如财务年度报表、资金需求、预计收入报表、资产负债预计表、现金流量表。其中关键的财务状况必须明确地列出，如毛利和净利、盈利能力和持久性、固定的与可变的和半可变的成本、达到收支平衡所需的时间等。财务计划是创业计划的"卖点"，投资者可以从财务计划中分析企业的财务状况和经营成果，进而判断自己的投资能否获得预期的回报。

7. 创业实施

创业实施是创业活动的动态展示。创业是一个过程，它通常分为三个阶段：初创阶段、发展阶段和成熟阶段。为了使企业将来可持续发展，创业计划书要明确企业在不同发展阶段所要达到的生产目标、生产规模、资金需求和投资风险等。

（四）附录

附录一般在创业计划书正文的后面，是对正文的补充，通常有附件、附图、附表三种形式。对于有些内容不适宜放在正文部分的资料或者信息，如公司相关的资质材料、与产品或服务相关的技术资料、市场营销相关资料、财务相关资料等，可以放在附录部分。

三、创业计划书的写作要求

创业计划书为新创事业设定目标，是创业者在经营决策时的方针性文件。创业计划书可能的读者包括：希望吸纳进入团队的对象、可能的投资人、合作伙伴、供应商、顾客、政策机构等。要将这样一份聚焦于特定的策略、目标、计划和行动的应用文书做得能激起读者的阅读兴趣，进而投资或合作，这是需要一定技巧的。一份好的创业计划书，应该能够促使创业活动的开展具有计划性、针对性和条理性，避免盲目性，提高创业成功率。因此，在撰写过程中，必须遵循基本的编写原则和写作要求。

（一）创业计划书的撰写原则

由于创业项目的性质、创业者特征、阅读对象不同，创业计划书的内容和重点也不尽相同。但不管怎样，创业计划书都必须遵循一些基本的撰写原则。

1. 全面性

创业是一个长期而艰巨的实践过程，因此创业计划书的编制需要战略性规划与战术性安排相结合。所谓战略性规划，就是要描述新创项目完整的发展蓝图与发展路径，提出明确的经营目标，全面审视未来可能遭遇的风险，并针对风险提出防范措施，如产品的研发、市场的扩大、二次创业等。所谓战术性安排，就是针对不同时间段的目标和任务进行量化，如技术发展、市场状况、财务预算、投资回报都在可控范围内。总之，撰写创业计划书要从远期和近期、潜在与现实、整体与局部的不同角度来策划分析。

2. 创新性

创新是一个民族的灵魂，也是一个企业发展的不二法门。首先，一个新颖独特的项目更容易引起投资者注意。例如，在往届学生创业计划大赛中获奖的"绿色电池制造""新型殡葬服务""高山蔬菜种植"等创业计划都获得专家的好评，并引起投资人的青睐。在当今互联网飞速发展的时代，从事"互联网＋"的创业也更具创意。其次，创业项目确定之后，其创新性可以表现在产品或服务上，可以表现在营销策略和手段上，也可以表现在团队的管理模式上。总之，创业计划只有体现独特、充满创意，才能使投资者放弃其他投资机会而专注于你，才能让你的企业在激烈的市场竞争中获得生存和发展。

3．可行性

可行性，顾名思义就是过程、设计、程序或计划能否在所要求的时间范围内完成。项目可行性研究是项目前期工作的主要内容。在撰写创业计划书之前，创业者对经济、技术、生产、供销到各种社会环境都要进行具体调查、研究、分析，对项目是否可行、成功率高低、经济效益和社会效果如何都要进行市场分析、技术研究和经济测算。一份好的创业计划必须具体可性，具有可操作性，用尽可能多的客观数据来加以佐证。没有明确的市场需求分析作为依据，所编写的创业计划书将是空泛的、无意义的。

4．科学性

众所周知，计划的内容是尚未实现的，它要创造者通过努力，按照预定的目标去实现。那么计划预定的目标如何才能实现呢？这就需要计划的制订具有一定的科学性。创业计划书的科学性具体体现在计划的目标、措施、步骤这三要素中。创业者要在充分调查研究的基础上，结合本地区、本单位、本部门的具体情况，以科学的态度、求实的精神，恰当地制定目标，确定任务。目标过高，会使人望而生畏，感到可望而不可即，从而丧失信心；目标过低，唾手可得，又会使人不求进取，不利于充分调动人的积极性、激发人的内在潜力。

创业计划书的写作不是文学创作，不能有虚构和想象。介绍产品、评估风险、财务预算等，都必须用事实说话，以准确的数字为依据，计划的合理性和超前性都必须建立在充分的市场调研基础上。对市场的预测，要做调查研究，凡是涉及数据的地方，一定要定量表示，提供必要的定量分析。

（二）创业计划书撰写要求

1．文字精练，通俗易懂

撰写创业计划书要文字精练，观点明确，清晰地描述创业项目，精练地说明你的评估和分析，实事求是地说明有哪些市场机会和可能的风险；不要堆砌辞藻，不要用大话空话，避免那些与主题无关的内容，投资者是没有兴趣来阅读对他毫无意义的东西的。

作为应用文书，创业计划书要求用事务性语体，以显得简洁典雅，但要尽量避免技术性很强的专业术语，因为过多的专业术语让投资者费解，会影响到他们的投资兴趣。如确实需要，可将相关材料放在附录中加以解释和说明。

2. 脉络清楚，重点突出

撰写创业计划书要有清晰的思路，将项目产生的背景、项目的可行性分析、市场的分析、资本运行及管理、收益保障等问题阐述清楚，写作时可按条款分项说明。创业计划书涉及的范围很广，写作时既要考虑全面性，又要突出重点。一般来说，项目概要、产品创新、项目的可行性分析及对策、经营模式和手段、投入产出与盈利预测以及风险防范策略等，都是创业计划书重点描述的内容。

3. 格式完整，图文并茂

创业计划书的各个部分排列要有逻辑性，在编排上大致分为封面、目录、正文和附录等四个部分。在行文中可恰当地使用图片和图表，这样更形象直观地反映某些抽象的概念。例如，市场分布、企业结构、业绩成长等，都可用图表来处理。

第二节　创业资金筹措

一、创业资金筹措概述

资金筹措，即资金来源，具体是指通过一定的渠道、采用一定的方法、以一定的经济利益付出为代价，从资金持有者手中筹集资金，满足资金使用者在经济活动中对资金需要的一种经济行为。

（一）创业资金筹措的重要性

资金是企业的血液。创业活动在企业创立前需要启动（投资）资金，在创立后需要营运资金。资金是创业活动的起点，是企业生存与发展的基础。

合理的资金筹措有利于降低创业风险。创业企业发展的不同阶段的资金需求结构与规模不同，也需要不同的资金筹措渠道，应选择与资金筹措渠道相匹配的资金筹措策略。此外，资金筹措需遵循合理性原则，合理资金筹措会帮助解决资金问题，降低创业风险。在创业的投资资金组合上，创业指导专家建议最好有一个合理的资金组合比例。通过研究创业成败案例，如果自有资金不足1／3时，自己和外来投资者的资金风险都会加大。

科学的资金筹措决策有利于企业可持续发展。科学的资金筹措决策能为企业带来资金支持，促进创业企业的可持续发展。但错误的或不合理的资金筹措决策会增加企业危机。例如，资金筹措规模决策，资金筹措规模过大，不但会导致资金限制浪费，而且会导致资金筹措成本增加，加大财务风险；资金筹措规模过小，则会导致企业资金供应紧张，影响企业正常运营和业务发展。

（二）创业资金筹措的困境

创业资金筹措难源于创业活动的高风险性，这种风险源于三个主体：创业者和活动本身固有的风险，即创业企业的不确定性；资源拥有者对创业活动风险的感知程度，即信息不对称；资本市场对创业企业的支持力度，即资本市场欠发达。

1. 创业企业的不确定性

创业企业的不确定性主要体现在三个方面：①商业机会具有不确定性。创业机会受到外界环境的影响，当外界环境发生变化时，机会也会相应丧失。②预期收益具有不确定性。创业所依赖技术的成熟度，创业企业产品的市场接受度不够明确，创业企业治理机制不健全以及对创业者的行为进行有效监控等，往往会导致其应对内外部环境变化的能力不足，企业盈利的稳定性较差。③创业企业的寿命具有不确定性。企业寿命的不确定性会增强投资者对于投资回收的担忧，从而在投放资金时更加谨慎。

2. 信息不对称

信息不对称主要体现在三个方面：①创业者处于信息优势。创业者比投资者对创业活动的创意、技术、商业模式、自身能力、团队素质、产品或服务、企业的创新能力和市场前景等的了解多于投资者，处于信息优势，投资者处于信息劣势。②创业者倾向于对创业信息进行保密。创业者在资金筹措时，担心商业机密泄露，倾向于保护自己的商业秘密及其开发方法，尤其是进入门槛低的行业的创业者更是如此，这样，创业者对创业信息的隐藏会增加投资者对信心甄别的时间和成本，使其在有限的信息条件下难以判断项目优劣，进而影响其投资决策。③创业企业的经营和财务信息具有非公开性。创业企业或者处于筹建期，或者开办时间较短，缺乏或只有较少的经营记录，企业规模一般也较小，经营活动透明度较差，财务信息具有非公开性，这些特征使潜在投资者很难了解和把握创业者与创业企业的有关信息。

3. 资本市场欠发达

（1）企业上市的要求较高，投入资本的退出渠道不畅。无论主板市场还是创业板市场，对企业上市的要求条件都较高，使相当部分企业无法满足上市条件，从而投入资本的退出渠道不畅，影响了风险投资等投资人对创业企业的投入。

（2）产权交易市场不够发达，影响投入资本的回收。场外的产权交易是投入资本回收的重要方式，统一的产权市场有利于进行跨地区、跨行业的产权交易，相对低廉的交易成本会降低投资者回收投资的代价，使其通过产权交易的方式回收投资。如果没有形成全国统一的产权交易市场，产权交易成本较高，加大了投资者回收投资的成本，使得其在进行投资时更加谨慎。

（3）高素质的投资者群体尚未形成。普通大众的投资理念比较保守，尚未形成一个相对成熟的投资者群体，潜在投资者对行业的认识、直觉和经验等也相对缺乏，使得其在选择投资项目时更为谨慎。

此外，创业企业缺少甚至没有资产，无法进行抵押，创业企业的资金筹措规模相对较小，管理成本较大，等等。诸多因素造成了创业资金筹措困境。

二、创业资金筹措的需求测算

创业资金筹措的需求测算，即财务预测，是对未来不确定的一种预期。

（一）资金类型

创业资金按照资金投入企业的时间可分为投资资金和营运资金。

投资资金，即启动资金，是发生在企业开业之前，是企业在筹办期间发生各种支出所需要的资金。投资资金包括企业在筹建期间为取得原材料、库存商品等流动资产投入的流动资金，购建房屋建筑物、机器设备等固定资产，购买或研发专利权、商标权、版权等无形资产投入的非流动资金，以及在筹建期间发生的人员工资、办公费、培训费、差旅费、印刷费、注册登记费、营业执照费、市场调查费、咨询费和技术资料费等开办费用所需的资金。

营运资金是从企业开始经营之日起到企业能够做到资金收支平衡为止的时间内企业发生各种支出所需要的资金，是投资者在开业后需要继续向企业追加投入的资金。企业从开始经营到能够做到资金收支平衡为止的时间叫作营运前期。营运前期的资金投入一般主要是流动资金，既包括投资在流动资产上的资金，也包括用于日常开支的费用性支出所需的资金。

（二）投资资金需求预测

投资资金包括流动资金投入、非流动资金投入，以及开办费用所需要的资金投入。

1. 非流动资金投入

投资资金中的非流动资金一般作为一次性资金需求考虑。其中，房屋、建筑物及装饰装修是一次性投入的非流动资金，因此不包括房屋租金。机器设备及其安装应将设备调试安装的时间考虑在内。

2. 流动资金投入

流动资金投入需将投入的延续性考虑在内，一般而言，创业者必须准备足够的流动资金来维持企业的正常运转，根据企业的规模、类型和获得销售收入周期等要求，有些企业需要流动资金来支付6个月的费用，有些只需支付3个月的费用。需要指出的是，项目5中的工资不仅包括员工的工资，还包括创业者的工资，金额为每月工资总额乘以达到收支平衡的月数。房屋租金是月租金乘以达到收支平衡的月数，一般采用押一付三，则需要 4 个月的金额。软件费是按期支付的软件使用费，如果购买软件所有权，则纳入非流动资金投入中。

3. 开办费用

开办费用是企业自筹建之日起，到开始生产、经营（包括试生产、试营业）之日止的期间内发生的费用支出。其包括筹建期间人员的工资、办公费、培训费、差旅费、印刷费、注册登记费，以及不计入固定资产和无形资产等构建成本的汇总损益与利息支出。

此外，创业者在测算投资资金时，一方面要尽可能考虑所需要的各种支出，避免漏掉一些必需的项目，以充分估算资金需求；另一方面由于创业资金筹措困境及创业初期资金需求迫切性，创业者应节约开支，如采用租赁、购买二手设备等。同时，创业者应纳入不确定费用。创业者在上述费用总和上，还需乘以不确定系数，一般为 3%～5%，建议创业者按 5%～10% 测算，以应对意料之外的资金需求。

（三）营运资金需求预测

1. 营业收入测算

营业收入是企业在从事销售商品、提供劳务和让渡资产使用权等日常经营业务过程中所形成的经济利益的总流入。营业收入等于销售数量乘以平均单价。在进行营业收入测算时，创业者应立足于对市场的研究和对行业营业状况的分析，根据其试销经验和市场调查资料，综合利用营销人员时间、专家咨询、时间序列分析等方法，以预测的业务量和市场售价为基础估计每个会计期间的营业收入。

2. 营业成本测算

根据测算营业收入时预计的业务量对营业成本进行测算，根据直接材料、直接工资、其他直接支出和制造费用来进行测算。

3. 预计利润测算

根据测算的营业收入和营业成本，进一步测算每个会计期间的预计利润。为此，需要注意以下事项：

（1）学会盈亏平衡分析。通过找到盈亏平衡点，对自己的经营状况做到心中有数。所谓盈亏平衡，就是企业不赔不赚，即月总利润等于总成本，此时的营业额或销量就是保本销量，也即盈亏平衡点。

（2）分清毛利和纯利。衡量企业营利能力的指标是利润。

（3）计算投资回收期。投资回收期测算，可以帮助创业者明确所有投入挣回来的时间。创业企业的总投资都需要用历来的积累来抵偿，因此，首期投资越大，投资回收期越长。投资少，回收快，可以很快收到盈利的效果。

（4）编制预计资产负债表。资产负债表反映企业在某一特定日期全部资产、负债、所有者权益状况的报表，且"资产＝负债＋所有者权益"。创业者在编制预计资产负债表时，应根据测算的营业收入金额和企业的信用政策确定存货情况，根据投资资本测算时确定的非流动资金金额和选择采用的折旧政策计算固定资产的期末价值，根据行业状况和企业拟采用的信用政策计算确定应付款项，根据测算的收入和行业税费比例测算应交税费，根据预计利润金额确定每期的所有者权益，以此确定需要的外部筹资数额。

（5）留足储备金。从企业成立到营利阶段的营运资金应做足够的预算。在保证个人资金和外来资金的比例大于1∶3的基础上，需要把企业没有收入的时间按3个月（或更长）来计算，储备金应大于3个月的固定成本总和。

第三节　新创企业设立

一、新企业的设立

（一）新企业设立的含义

新企业的设立是指依据国家的法律，通过法定的程序，以某种特定的方式组成一个完整的企业组织的过程和行为。新企业的设立，包含了经济意义上的设立与法律意义上的设立的双重含义。经济意义上的企业设立，是指企业的创办人通过人力、物力、财力等生产经营要素的组织和筹集，形成企业最初生产经营能力的过程；法律意义上的企业设立，则是指企业的创办人依照法律程序取得合法生产经营资格的行为，对法人企业而言，就是取得法人资格。

（二）新企业设立的原则

关于企业设立的立法原则各个国家不尽相同，通常有以下几种原则：

1．特许设立原则

特许设立原则是指采取专门法律和命令方式准许设立企业。这种原则一般包括三种情况：由国家元首发布命令设立，经国家特别许可设立企业，由国家立法机关制定特别法律设立企业。由于特许设立企业过于严格，不利于社会经济的发展，所以现在已很少被采用。

2．核准设立原则

核准设立原则又称行政许可设立原则，即经国家行政机关批准设立企业。通常是由企业创办人提出申请，由相应的国家行政机关审查批准后方可设立企业。

3．准则设立原则

准则设立原则又称登记设立原则，即由法律规定设立企业的必要条件，凡符合法律条件，经过登记就可成为企业。

（三）新企业设立的申请与登记

新设立企业必须向主管机关提出申请。这里的设立登记主管机关是指负责受理登记申请、核发营业执照、赋予企业法人资格的专门机构。对于企业登记的主管机关，世界各国的规定是不同的。

根据世界各国关于企业登记主管机关的有关法律规定，大致有三种做法：

1．在法院登记注册。德国、日本、波兰等国家认为赋予企业法人资格是一种创设行为，不是普遍的行政行为，规定由地方法院办理企业登记。

2．在行政机关登记注册。法国、美国、英国、俄罗斯、罗马尼亚、匈牙利等国家均规定由行政机关负责企业登记。

3．设立专门的企业登记机构，由法院派法官监督企业登记工作。如意大利法典规定："企业注册登记由注册局负责办理，该局在法院院长委派的法官监督下工作。"

（四）新企业设立的条件

企业的设立应该具备下列基本条件：必须有发起人，有自己的名称、场所、组织机构、注册资本、章程，有符合国家法律政策规定的经营范围，有与其生产经营范围相适应的经营场所和必要措施。

1．必须有发起人

设立企业首先必须有发起人，发起人是指依照法定程序创办企业公司，使企业取得法人资格，并在企业章程上签名盖章的人。发起人负责筹建企业。在企业的创办过程中，可能会有许多人在不同程度上参与筹建，如律师、会计师等，但并非所有参与筹建的人都叫发起人。发起人必须具有如下几个特征：

（1）发起人必须是企业的直接投资人。企业的发起人一般都是企业设立的筹备人，但并非所有参与筹备的人都有资金投入，只有直接投资人才有资格成为企业的发起人。而且这种投资行为发生在企业正式成立并取得法人资格之前。企业成立之后对企业的出资就不再是发起行为，因而这类出资者也就不是发起人。

（2）发起人必须是在企业章程上签字的人。

（3）发起人可以是自然人，也可以是法人。自然人可以依法投资创办企业，合伙企业也可以依法创办公司等企业法人组织。

2．必须有企业名称

企业在设立时必须有自己的名称。企业的名称一般由四部分组成：第一部分是具体名称（字号）。对这一部分内容法律做出了一定限制，即企业不能使用下列名称：对国家、社会或公共利益有损害的名称；外国国家（地区）或国际组织的名称，以外国文字或汉语拼音组成的名称；以数字组成的名称。第二部分是企业的组织形式，如标明是有限责任公司还是股份有限公司。这两部分是法律规定必须具备的部分。第三部分是营业种类，企业名称应能反映其所属行业和经营特点。第四部分是企业所在地名称。比如，上海第一百货商店等名称是企业进行经营活动的标志，企业一般只能使用一个名称，而且不能与其他企业相同或混同，企业名称一经登记机关核准，便在规定范围内享有专用权，受到法律保护。

3．必须有企业场所

企业从事生产经营活动必须要有其固定的住所。企业住所既是企业进行经济活动的地点，也是企业法人承担经济责任的前提。只有具备了固定的地址，发生经济纠纷时，才能找到责任人，并要求其承担法律责任，也才能便于与其他企业进行经济往来。

与企业住所相关联的另一个概念，是企业的生产经营场所。企业从事生产经营活动，其场所可能不止一个，但企业在登记机关登记的住所只能有一个，一般是其主要生产经营地点或法人机关所在地，也可以理解为企业设立登记主管机关所在地。企业住所一经核定就成为合法地址，一般不得随意变迁。

4．必须有注册资本

所谓注册资本，是指在企业登记机关登记的资本总额。企业是从事商品生产经营活动的经济实体，必须拥有与其生产经营活动相适应的资本，才能保证其正常运行，因此，从企业设立时起，就要拥有一定数量的资本，这就是企业的注册资本。注册资本是企业设立的最基本条件，是其承担权利义务的物质基础，也是对债权人利益的基本保障。企业责任能力和范围的大小直接取决于企业资本的大小。企业注册资本的数额应该和其他生产经营范围相适应。

5．必须有企业章程

企业章程是发起人全体同意并依法订立的，用来确定企业法人的开办宗旨、组织原则、内外关系和经营活动的基本规则，是明确企业法人权利和义务的书面文件。企业章程是企业最主要的法律文件，是企业成员必须遵守的行为规范，它有利于保护出资人的合法权益，也便于国家对其进行监督。企业章程一经订立，不仅对股东和以后进入企业的人员具有一定约束力，在一定条件下，它也对第三者产生约束力。章程一经订立，就不能随意改变。因此，企业章程必须按照法律、法规的要求制定。

由于不同法人企业的性质、宗旨和经营活动的内容各有不同,企业章程的具体内容也有所不同。一般来说,企业章程应包括下列主要内容:名称和住所;经营范围和经营方式;注册资本及其来源;组织机构及其产生办法;职权和议事规则;法定代表人的产生程序和职权范围;财务管理制度;解散程序;章程修改程序;其他。

(五)新企业设立的注意事项

设立一个企业不仅可以带来新的产品、服务和物质财富,推动技术创新和组织的变革,而且能够创造大量就业机会,使社会收入的分配更趋公平。但要使一个企业能成功地设立,并有效地运营,须注意以下事项:

1. 选好行业

当今社会的发展使得行业之间分工的划分越来越细,各种新行当层出不穷。在这些行业之间既存在着差异,又有着千丝万缕的联系。面对日益复杂多变的经营环境,如果仅凭粗略的判断就贸然进入某个行业,企业必将付出惨痛的代价。怎样降低创业风险?如何对行业进行理性的分析评判?美国创业专家尼古拉斯根据自己二十多年的创业经验和教训,总结出在选择经营行业时必须考虑的十种最重要的因素:

(1)该行业是否为季节性的?

(2)该行业是否对经济周期很敏感?

(3)该行业是否受到了过度的管制?

(4)战略性要素的供给和价格的确定性如何?

(5)扩张前景如何?

(6)该行业的营利性如何?

(7)产业的变动方向是怎样的?

(8)将要对行业影响的技术变革是什么?

(9)企业能否置身于竞争之外?

(10)该行业对你个人是否具有吸引力?

以上因素是新企业在设立之前必须要考虑和面对的。

2. 定好策略

尽管新企业在创立前通常会对各种行业进行评估,然后选择适合自己的行业进入,以降低失败的概率;但是,面对瞬息万变的各种机遇和挑战,如何巧妙地回避风险、抓住机遇,迅速形成强大的竞争优势,将成为企业创业成败的关键。为此,创业者必须根据对外部环境和内部条件的系统分析,确定企业发展的总体战略目标和方针,并制订一种或几种有效的战略方案,从而使企业获得最有力的竞争地位,并确保这种优势能够长期地保持下去。

3．建好队伍

当创业者制订出切实可行的战略方案后，有效的人力资源管理行为将提高创业成功的可能性。因为任何战略在最初都只是一个美好的愿望，要想将它变为现实必须依靠一支高素质的员工队伍。只有企业的各个部门、各个岗位都配置了合适的人员，企业的各项工作才能按战略设计的要求正常运转，因此，创业者必须在最短的时间内，集合最优秀的人才，把企业的远景化为众人的目标，团结一致，不懈奋斗，实现企业和员工的共同发展。

4．筹好资金

新企业创业之初尚未建立信誉，所遇到的最棘手的事就是资金短缺。基于许多优良潜质的企业，只因为资金供应不足就不幸破产，企业在初创时期必须对资金的筹措制定详细周密的计划，做好充分的准备，以应对随时可能发生的不可测事件。具体来讲，有以下几方面：

（1）明确所筹资金应包括员工工资报酬、生产费用、固定资产投资、市场营销费用及日常管理费用等几个方面。同时，应该做好在一段时间，如半年内只有支出而无收入情况的心理准备。

（2）若感到资金缺口明显，则应设法收缩原创业计划的规模，以适应投资额，以免产生较大的风险。

（3）应在企业开创之初，就树立严格的成本控制观念。在正常生产经营情况下，应尽可能节约各项开支，并重点分析监控主要开支，以确定能否以更低的费用取得同样的或更好的效果。

二、新创企业的变更

企业的变更是指在不中断企业法人地位情况下对企业组织所进行的调整和变动。企业的变更方式很多，如企业的合并、分立，变更企业类型，企业的扩展，等等，其中合并与分立是最重要、最常见的方式。

（一）企业的合并

企业合并是指两个或两个以上的企业，依据法律的规定，经过一系列法律程序变为一个企业的行为。

企业在不同情况下合并的动机可能各不相同，但合并的目的大致有两个：一是为了扩大生产经营规模，降低成本，增强企业的竞争实力，提高经济效益；二是在企业无力经营的情况下，为了避免破产而给股东和债权人带来损失。前者的目的是出于积极主动的考虑，后者的目的是出于消极被动的考虑。根据参与合并的企业是否全部解散，企业合并可以分为两类：新设合并和吸收合并。

新设合并也称为创立合并，是指参与合并的企业全部解散，另外成立一个新企业的合并。这种合并的形式中，由于原有企业不再存续，其法人资格也就不复存在。合并后的新企业依法取得法人资格后，承担解散企业的权利和义务。

吸收合并是指参与合并的企业中，有一个企业存续，其他企业解散，由存续企业承受解散企业的权利和义务的合并。在这类合并中，存续企业仍然保持原有的名称，而且有权获得其它被吸收企业的财产和债权，同时承担它们的债务。被吸收企业从此不复存在。这类合并也叫企业兼并。

根据企业合并方式的不同，合并的程序也分新设合并程序和吸收合并程序两种情况。

1. 新设合并程序

新设合并程序：由参与合并的企业订立合并契约；各企业股东大会做出合并决议；各企业通过清偿已到期债务和对未到期债务提供担保的方式保护债权人权益；由新企业发起人进行股份处理；召集创立会，审议通过章程，选举董事、监事；由新任董事或监事申请办理企业的注册登记。

2. 吸收合并程序

吸收合并程序与新设合并程序大体相同，只是新设企业在这里换成了存续企业。由于存续企业早已存在，其法人资格不因合并而改变，由它行使新设企业的职权，承担新设企业的义务，因此，必须召开创立会。

（二）企业的分立

1. 企业分立的原因

企业分立是指一个企业分成两个或两个以上的企业行为。通过分立，将某一企业的部分财产、权利和义务转移到几个新成立的企业中。导致企业分立的原因有很多，归纳起来大致有以下三个方面：

（1）出于企业经营的需要。当企业规模过大而影响企业效率和效益时，或出于拓展生存空间的需要时可以将一部分业务分离出去成立企业，企业分立。

（2）为了扩大资本控制范围。有时，将业务项目转让给分公司而使其独立成新公司。企业分立后，虽然直接经营规模缩小，但资本控制范围却扩大了。

（3）在某些特定情况下，为了回避法律限制，例如，为了避免《反垄断法》的限制，公司在资本量和营业规模达到一定限度时，有意分小经营组织，将一个公司分立成几个公司。

2．企业分立的形式

企业分立有两种形式：一为存续分立，二为解散分立。存续分立，就是一个大型企业仅以其一部分的财产或营业项目分离出去另设一个或几个企业，原企业继续存在；解散分立，就是将企业的全部财产分别归入两个或两个以上新设的企业中，原企业解散。

3．企业分立的程序

（1）先由企业董事会提出分立方案；

（2）企业董事会将决议好的企业分立方案提交股东会讨论，并最后做出分立决议；

（3）原企业董事会采取措施保护债权人权益；

（4）分立各方（含存续企业）签订财产或营业分立契约；

（5）各分立企业（含存续企业）董事、监事分别申请办理设立登记、变更登记或解散登记。

第四节　新创企业营销管理

一、新创企业营销的特点

（一）创业初期以企业生存为主要目的

创业初期是以生存为首要目标的行动阶段。为了企业的生存，就是要在很短的时间内让顾客了解企业的产品和服务。

充分利用现有销售的一切手段，通过线上或线下开展一些有针对性的销售活动，哪怕是亏钱也要让企业产品或服务被消费者所使用，在使用过程中了解企业的产品或服务，只要是质量好的产品或服务，才能打动真正的消费者，在企业与顾客之间建立起良好的信任关系。

（二）创业初期以创造客户为主要目的

初创企业优质产品或服务只有被消费者接受，有了良好的信任关系才能创造真正的客户。企业没有客户，也就不会有企业的存在，企业是依赖顾客而存在的。创业初期的企业是要以创造客户为主要目的，有了客户，才有可能为企业带来销售额，从而产生利润。

（三）企业逐渐成熟并不断规范销售行为

创业初期的企业为了销售企业产品或服务，企业会采用一些过激的行为，如提供免费使用、打折促销、低于成本价销售等低价方式来获得客户，但此阶段随着销售额的提升企业的利润并没有提升，有时反而会下降，这些过激行为不能长期坚持。因此，当企业逐渐成熟，客户积累到一定量时，就要规范企业的销售行为，对不能为企业带来利润的一些销售方式要及时调整，否则，卖得越多亏得越多。

（四）企业从销售过程到营销过程的转变

规范企业的销售行为的同时，也要对各种资源和客户进行管理。这时就要把企业行为从销售转变到营销的。销售是以销售现有产品为中心，更注重如何利用广告、公关、实物展示等手段吸引客户，进而增加销售量。营销是以满足目标顾客的需求为中心，所以更加注重整体形象的推广以及对市场的研究。营销主要是价格、产品、促进销售、营销渠道、公共形象、公共关系和公共权力等营销组合策略的整体运用，通过满足客户的需求来获取利润。

二、新创企业营销管理

根据新创企业在创业期营销的特点，企业产品或服务的营销管理也要分步进行，从简单的销售逐渐往营销方向转变。

（一）创业初期主要任务是销售

对于新创企业来说，创业初期销售的主要任务是让客户认识产品或服务，从尽可能多的销售渠道和手段来扩大产品或服务的影响力，使客户能够接受。销售管理不一定要搞得很复杂，主要从客户的接受度来考虑，目的是要把客户的消费从别家企业吸引过来，要想让客户接受和使用自己企业的产品或服务不是一件容易的事。所以，要专注于产品或服务的细节和顾客的需求。需要注意不断变化的趋势、顾客的需求和期望。只有注意到这些变化，你才能调整销售策略，保证客户越来越多地接受产品或服务。

在产品或服务的销售过程中，除了价格上的优惠外，还要做好以下几个方面：

1. 研究透企业产品或服务。如果能向顾客传达有关产品或服务的资讯，并且能回答他们的问题，那么他们就会明白你真的很在意你的产品。只有你觉得这个产品有价值，他们才更可能有同样的感觉。

2. 强调产品或服务给顾客带来的好处。你要向尽可能多的目标客户传递产品或服务的优点，但同样要告诉他们，产品或服务的特质。会给他们带来什么样的好处。这样顾客就更容易明白他们为什么要买这件产品或服务。

3. 一定要充分地介绍产品或服务。如果不是面对面地直接销售产品，那就一定要通过零售包装、展示等方面充分展现产品或服务的优点。即使你在面对面地销售产品，或者是做推销，也要展示产品或服务的优点，才能让顾客信服。

（二）随着企业的成熟，营销变成了主要任务

随着销售的继续，企业客户会越来越多，这时候就要对企业的销售行为进行规范，对企业的客户也要进行管理，新创企业从销售转为营销，此时营销就变成了主要任务。在企业营销管理上要做好以下几方面：

1. 明确企业的管理架构。在创业初期，创业者没有明确创业团队中的成员在企业中的职责和权力，但企业销售额到了一定量的时候，就要把所有权与经营权分开，对管理的专业化、决策的科学化要求就越来越高。

2. 制定中长期目标。以目标的制定、目标的分解、目标体系的形成及目标执行过程的控制和目标结果的考核，来规范、引导企业行为。通过计划，使企业员工能了解各自工作与企业总目标的关系，明确各自的责任和义务，有利于部门之间、员工之间形成协同作用，从而增强企业的竞争优势。

3. 完善组织结构及基本规章制度。要进行组织结构的再设计，根据企业的目标来合理设计组织结构，按照权力、责任"既无重叠，又无空白"的原则设置部门和岗位，按"权责对应，统一指挥"的原则考虑管理幅度及层次，建立较为完善的组织结构。建立部门职能及员工岗位职责标准，制定员工岗位说明书、岗位工作分析、岗位任职资格标准等文件，完善奖惩制度、费用控制制度、人事制度等企业基本规章制度。

4. 重视人力资源管理，人尽其才。建立高效的人力资源规划、培训教育、工作评价、利益分配、公平竞争机制，改变任人唯亲、任人唯友、主观评判、以人定岗、现用现找的用人方式。

5. 以人为本的企业文化建设。企业要十分注重培养良好的企业行为习惯。在信息发达、变化迅速的现代经济环境下，应营造一种以创新为核心精神的企业文化，鼓励个性发展和人际间的团结协作，要有以人为本的价值取向，使企业文化形成强大的精神力量，成为员工自觉创造的结果，更成为管理的重要手段。

鸿星尔克爆红与国货品牌破局

企业行为如何实现销售到营销的转变？销售是以销售现有产品为中心，更注重如何利用广告、公关、实物展示等手段吸引客户，进而增加销售量。营销是以满足目标顾客的需求为中心，所以更加注重整体形象的推广以及对市场的研究。在民族自信心空前强盛和国潮经济发展迅速的背景下，国产品牌如何破局？

2021 年 7 月 20 日，河南郑州"7·20"特大暴雨牵动着无数国人的心。7 月 21 日，随着河南灾情引起全社会广泛关注，企业和明星捐款的消息陆续登上微博热搜。也是在这一天的 17 时 45 分，鸿星尔克也在自己的官方微博发布了向河南灾区捐赠 5000 万元物资的消息。

#鸿星尔克再捐1个亿# 热搜

今日阅读1.1亿 今日讨论4917 详情>

主持人：观察者网 | 170家媒体发布

图片来源：微博鸿星尔克捐款话题

1 个小时后，鸿星尔克总裁吴荣照的个人微博像往常一样转发了鸿星尔克的官方微博。而直到当晚 11 时，这条官微下也只有 100 多条评论。而大概是捐赠物资金额之大与评论区的冷清对比过于强烈，渐渐开始有路过的网友忍不住发言替其感叹。这成了鸿星尔克爆红的起点。

越来越多热心网友激情转发鸿星尔克这条微博，也会在捐款热门微博与话题下面做宣传。48 小时内，鸿星尔克登上了微博、抖音、头条、知乎、百度、B 站等各个平台的热搜 / 热门。

7 月 23 日凌晨 1 点，鸿星尔克董事长吴荣照赶到品牌直播间，向网友致谢并呼吁网友理性消费。7 月 24 日深夜两点半，鸿星尔克官方旗舰店的快手直播间仍在直播。即使在深夜，这个直播间仍然保持着极高的活跃度。而这场直播，持续了整整 72 小时，大批消费者第一时间涌向了鸿星尔克的直播间，"野性消费"超过 1.9 亿。

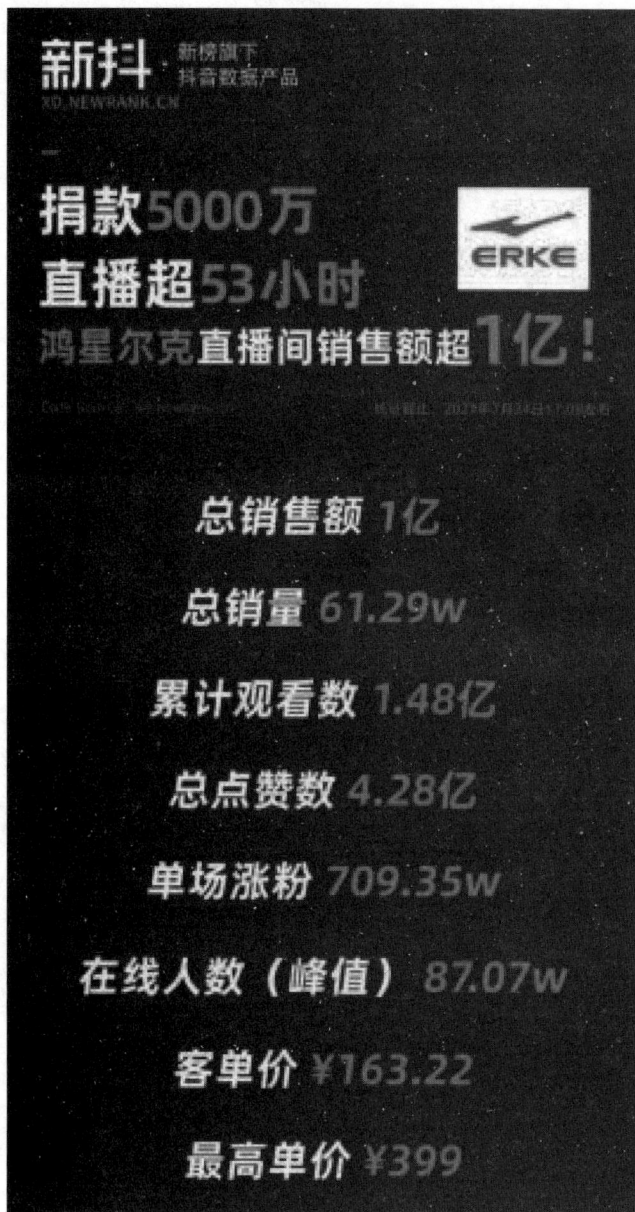

图片来源：新科《鸿星尔克线上直播间数据》

　　鸿星尔克的火爆伴随着"爱国、责任担当"等民族形象的体现，但当热度褪去，网络关注度下降后，品牌又再度归于落寞，不少对于其产品质量、设计层面的吐槽也随之浮出水面。网友曾发表一句不经意的调侃"每当我忘记这个牌子，他又以同样的方式回归了"，也道出了鸿星尔克难以凭借单纯的爱国营销实现长期收益的真相。

　　鸿星尔克一直以来都追逐着品牌与产品的创新发展，但焕新之路却充满曲折。2008年前后，受北京奥运会运动热潮影响，鸿星尔克在市场快速扩张的情况下错误预估了销量，盲目扩大生产，导致后期库存积压，业绩下滑。此后，全球金融危机来袭，公司内部经济状况受到多重影响，鸿星尔克被库存所累，长期陷入了低价陷阱。

从目前鸿星尔克推出的产品来看，基础产品价格从六七十元到三四百元不等，仅有最新发布的几款科技风产品售价定到了四百元到五百元。在其他国产品牌纷纷推出科技产品提高价格的同时，鸿星尔克时至今日仍未摆脱长期低价策略所带来的影响。

在 2019 年，鸿星尔克从专注于产品和渠道开发的战略中抬头，将视野投向品牌建设，决定开展品牌化经营。

2020 年初，国潮崛起，鸿星尔克趁势推出了"国风新科技"的全新战略，在全国门店都启用了统一的形象标准，并在 8 月发布了全新黑科技"弜弹科技"。"弜弹科技"恰如其名，旨在利用减震理念为大众的健康生活服务。以科技赋能产品本应是产品宣传的一大卖点，但鸿星尔克此举却导致了反效果。这一新科技却很快遭受到了跑鞋爱好者的质疑，原因在于其与李宁相隔一天发布的"绝影跑鞋"采用的弜科技撞车，尽管一个是材料缓震，一个是结构缓震，如此巧合的生僻字撞车事件也不得不让鸿星尔克在新战略实施的道路上惨遭折戟。

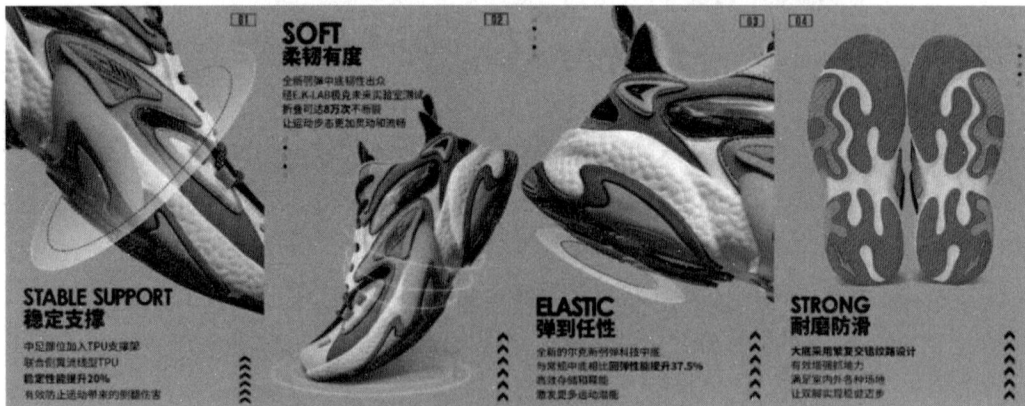

图片来源：鸿星尔克官方"弜弹科技"系列产品海报

此后，鸿星尔克还发起了国产 IP 联名计划，先后与《一人之下》《王者荣耀》等优秀国产 IP 和河南博物院展开深度合作，为运动产品增添传统国风元素，以期收获国风爱好者的青睐。然而从鸿星尔克淘宝官方旗舰店发布的预览图来看，产品设计存在良莠不齐的现象，部分产品的外观与其说是面向广大消费者售出的联名产品，不如说是服装和 IP 简单叠加的衍生文创，着实难以吸引当下个性化消费者的眼球。

而除了产品研发，鸿星尔克在品牌营销上也有所布局，但似乎仍处于一种找不到发力点的状态。鸿星尔克的营销团队由 40 人左右的 95 后年轻人组成，年轻的团队在具备活跃的思维和对时事的敏锐洞察力能为品牌在社交媒体与消费者交流建立更为便捷的桥梁的同时，却也缺乏着外部成熟公关团队的协同和保障，这难免会给鸿星尔克带来不必要的争议。

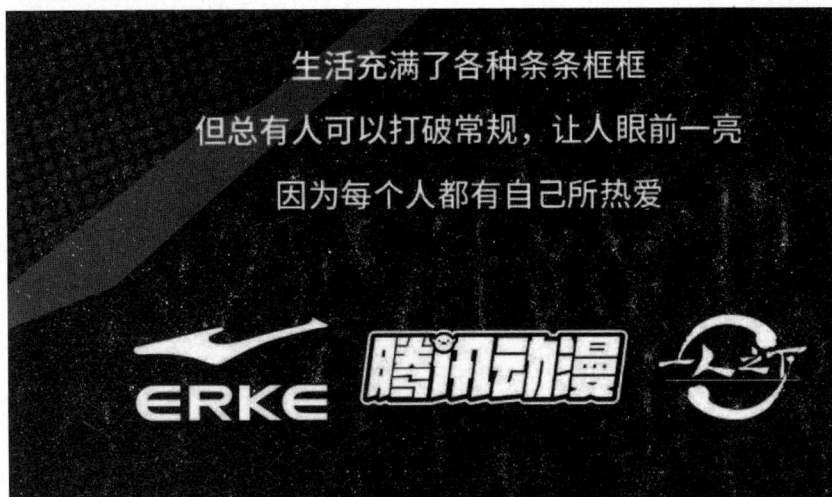

生活充满了各种条条框框

但总有人可以打破常规，让人眼前一亮

因为每个人都有自己所热爱

ERKE　腾讯动漫　一人之下

图片来源：鸿星尔克联名"一人之下"海报

今时今日，民族自信心空前强盛，这对于国货品牌来说，或许就是最好的时代。鸿星尔克因其"爱国担当"被"野性消费"并非孤例，中国年轻的一代消费者们逐渐对国际大牌失去了执着，他们更愿意购买扎根本土、更接地气的"国产货"。当然，鸿星尔克也好，国产品牌也罢，在面对年轻一代愿意为品牌价值观买单的事实下，国货们也应该尽快提高设计感，打造出更好的产品，产品才是一切的实力与根本。

当前，以Z世代为代表的新青年群体的需求正不断推动国潮品牌的升级。传统国货品牌如果不求变，很可能会没落在时代发展的潮流当中。因此，在这样的背景下，国货品牌更需要加入国潮经济的行列，积极求变，主动去赢得年轻人的市场。除了在技术和产品质量方面下功夫，国货品牌应更多地融入新的营销模式。现在手机已经取代电视成为主要的媒介载体，逐渐成长的年轻消费群体更容易与新媒体、新模式产生共鸣。

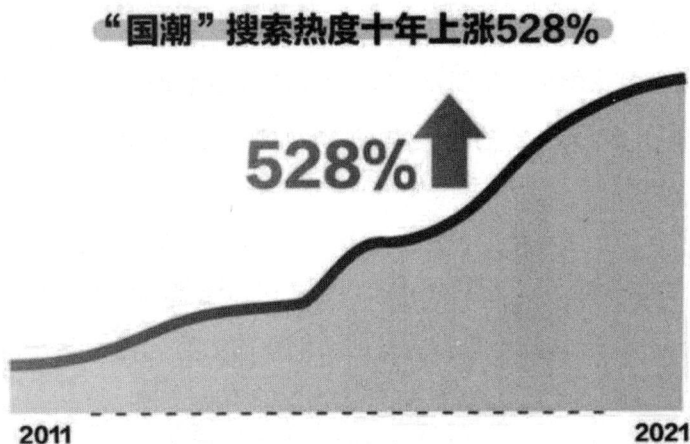

"国潮"搜索热度十年上涨528%

528%

2011　2021

近十年，"国潮"相关内容搜索热度走势

图源：新熵《百度用搜索让国潮数据"说话"》

参考文献

[1]何志平,王合义,谭海,等.大学生创新创业能力培养PBGS教学模式研究[J].东华理工大学学报(社会科学版),2020,39(6):608-611+624.

[2]林锶.财经商贸专业创新创业教育中的课程融合实践:以福建林业职业技术学院创业融资课程为例[J].对外经贸,2020(12):137-140.

[3]白杨.建构主义理论视域下民族地区创新创业人才培养模式研究:以甘孜、阿坝地区中等职业学校为例[J].阿坝师范学院学报,2020,37(04):115-120.

[4]王红雨,张君诚,高怀宾,等.地方高校"村镇绿色发展学院"建设的思考:兼论大学生创新创业教育新型生态体系的构建与延伸[J].农村经济与科技,2020,31(24):271-272+282.

[5]夏一军.创新创业指引模式,助推乡村振兴[J].世界热带农业信息,2020(12):55-57.

[6]吴轩辕.高校"创新创业"教育教师质量控制及实现路径[J].长沙民政职业技术学院学报,2020,27(4):107-109.

[7]郑银芳."四位一体"构建地方本科院校创新创业生态系统[J].湖南科技学院学报,2020,41(6):92-93.

[8]成秀萍,唐祥金."双高"引领下创新创业教育与专业教育协同育人探究[J].扬州职业大学学报,2020,24(4):61-64.

[9]潘丽娅,王懿霖,李柏彦,等.智能轨道交通在天津全速启航 智能轨道交通人才创新创业联盟在天津市武清区成立[J].求贤,2020(12):20.

[10]赵斐斐.电商时代大学生创新创业实践研究[J].中国商论,2020(24):190-192.

[11]周晓敏.基于温商精神的大学生创新创业实践教育路径分析[J].中国商论,2020(24):183-184.

[12]张丽萍,艾瑛.区域经济下地方中医药高专"创新创业"师资队伍建设的思考:以江西中医药高等专科学校为例[J].中西医结合心血管病电子杂志,2020,8(36):197-198.

[13]马祥山,周晓娟.高职会计专业学生创新创业能力研究[J].辽宁广播电视大学学报,2020(4):41-43+50.

[14]陈春香,吴波.乡村振兴战略下新农人创新创业发展新动能研究[J].合肥学院学报(综合版),2020,37(6):32-37.

[15]刘琦,宋秋喜.高职创新创业教育与思政教育融通的策略与途径:以艺术类专业为例

［J］.邢台职业技术学院学报,2020,37(6):36-39.

[16]刘任静."互联网+"时代背景下高职院校创新创业教育改革探索[J].就业与保障,2020(24):79-80.

[17]方英.创新创业视角下大学生社会能力的现状分析及对策研究[J].就业与保障,2020(24):73-74.

[18]卢冰洁,范筱聪.民办高校大学生创新创业实践教育模式的构建[J].就业与保障,2020(24):81-82.

[19]邹禄禄,宋贝.自媒体时代背景下大学生创新创业O2O教学模式趋势研究[J].就业与保障,2020(24):87-88.

[20]邵敏兰."互联网+教育"时代下大学生创新创业教育研究[J].牡丹江教育学院学报,2020(12):67-68+118.

[21]戴永辉,冯彦杰,徐波,等.双创背景下大学生创新创业项目指导实践[J].中国商论,2019(24):239-241.

[22]刘丽波,宋燕辉.高职电子商务专业创新创业人才培养路径研究[J].中国商论,2019(24):235-236.

[23]庄永辉,徐劲飞,李杰,等.校企共建创新创业平台下四川省高职院校科研成果转化路径研究[J].教育现代化,2019,6(A5):61-62+74.

[24]李轶,秦伟,甘秀娜,等.高职院校艺术专业创新创业教育评价体系的构建与实施[J].科技风,2019(36):55.

[25]冯霞敏,费旭明.创新创业与创客研究综述[J].农村经济与科技,2019,30(24):219-220.

[26]欧阳国文.思政教育融入高职学生创新创业教育的路径探析[J].农村经济与科技,2019,30(24):288-289.

[27]高于涵.大学生创新创业实践平台建设探讨[J].湖北农机化,2019(24):55.

［28］刘镜,门宇峰.民办高校创新创业教育模式分析及改进策略研究［J］.才智,2019(36):163.

[29]郑志颖,刘欣.创新创业教育体系的构建与实践[J].工业和信息化教育,2019(12):76-79.

[30]庚天琦,李霞,姜大巍,等.创新创业元素融入药学专业新生教育路径探索[J].药学教育,2019,35(6):16-18.

[31]张小刚.创新创业背景下公共管理学科实践教学体系研究[J].创新创业理论研究与实践,2019,2(24):54-55.

[32]曹丽燕,张波,陈丝妮,等."互联网+"背景下创新创业路径研究[J].科教导刊(下旬),2019(36):121-122.

[33]王冰,李艳.高校创新创业课程资源建设的探索与实践[J].黑龙江教育(高教研究与评估),2019(12):53-54.

[34]李翠霞.新时代综合性高校创新创业教育体系构建研究[J].文化创新比较研究,2019,3(36):183-184.

[35]何小纪.高校创新创业教育面临的问题及对策研究[J].科教文汇(中旬刊),2019(12):17-18.

[36]李敏.基于职业生涯规划的大学生创新创业教育研究[J].兰州教育学院学报,2019,35(12):117-118+123.

[37]赵琳,常振云,张楠,等.基于多塔结构的"专业+创新创业"教育体系改革与研究[J].当代教育实践与教学研究,2019(24):69-70.

[38]黄亚鹰,车林莉.创新创业视阈下大学生深度学习能力的提升与实践[J].湖南包装,2018,33(6):31-33.

[39]胡斌,罗旭彪,曾桂生,等.创新创业导向的应用化学综合实验教学改革与探索[J].教育现代化,2018,5(53):57-59.

[40]李文宇,刘引涛.基于创新创业背景下高等职业院校人才培养路径研究[J].教育现代化,2018,5(53):50-52.

[41]王慧.基于协同育人的高职创新创业人才培养途径研究[J].湖南大众传媒职业技术学院学报,2018,18(04):75-78.

[42]王凯.基于创新创业的工商管理人才培养模式研究[J].商场现代化,2018(24):75-76.

[43]赵璐,王皓.创新创业背景下高校辅导员提高工作能力的途径[J].管理观察,2018(36):122-123+127.

[44]贾瑞,施纪红,仲小英,等.高职创新创业教育课程评价体系构建[J].创新创业理论研究与实践,2018,1(24):64-65.

[45]赵春霞,武元鹏,田合超,等.浅析大学生创新创业教育在高校发展必然与条件需求[J].教育现代化,2018,5(52):34-35.

[46]周玉青.浅论大学生创新创业教育模式的构建[J].教育现代化,2018,5(52):44-45+86.

[47]陆理辉.新时代旅游院校创新创业人才培养模式探索[J].旅游纵览(下半月),2018(24):180-181.

[48]陈月容,经松.新媒体时代大学生创新创业平台建设[J].新闻战线,2018(24):240-241.

[49]胡斯涵.创新创业导向下高校思想政治理论课的教学改革[J].黑龙江教育(高教研究与评估),2018(12):24-25.

[50]全永波,顾军正,方晨,等.创新创业教育视野下海洋管理人才培养评价体系研究[J].中国水运(下半月),2018,18(12):46-48.

[51]曲担娃.以创新创业为导向的高职思想政治教育探究[J].农家参谋,2018(24):191.

[52]李婷婷.基于创新创业理念的财务管理课程改革研究[J].财会学习,2018(33):217+219.

[53]胡江川,邱志新.国内外创新创业人才培养模式现状分析[J].才智,2018(34):81.

[54]陈江.计算机专业创新创业工作室构建策略的探索与实践[J].才智,2018(34):118.

[55]程金霞,张庆良,李丽荣,陈春颖.当代大学生创新创业的激励机制研究[J].邯郸职业技术学院学报,2017,30(04):40-43.

[56]李保红.地方高校创新创业人才培养路径研究[J].现代商贸工业,2017(36):79-80.

[57]韦晓娟.创新创业教育背景下《设计理论》课程教学优化探略[J].戏剧之家,2017(24):155+157.

[58]邱维.民办高校创新创业教师队伍建设初探[J].人才资源开发,2017(24):112-113.

[59]周鑫琴,罗长田.激发创新创业活力需要企业家精神[J].人民论坛,2017(35):76-77.

[60]周泽炯.大学生创新创业教育体系的构建与实践:以财经类专业为例[J].沈阳大学学报(社会科学版),2017,19(06):656-659.

[61]高华.论电子商务专业创新创业课程体系的构建[J].电子商务,2017(12):86-88.

[62]李犀珺,李茂松,李建昌,等.推进大理创新创业发展的思考[J].云南科技管理,2017,30(6):55-58.

[63]郑洋.协同创新理念下高校创新创业教育分析与建构[J].淮阴工学院学报,2017,26(6):67-71.

[64]徐薇娜.艺术设计专业创新创业实践教学模式的研究与改革[J].艺术科技,2017,30(12):91.

[65]郑庆华.以创新创业教育为引领　创建"新工科"教育模式[J].中国大学教学,2017(12):8-12.

[66]吕凯,李新剑."项目参与型三位一体"创新创业连锁人才培养模式研究[J].山东农业工程学院学报,2017,34(12):49-50.

[67]曹学艳,刘彬彬,邓腾彬,等.面向大学生创新创业的信息素养教育改革研究[J].图书情报工作,2017,61(S2):68-71.

[68]韩巧燕,路彩霞,焦晨明,等.影响科技人员创新创业活力的因素分析[J].产业与科技

论坛,2017,16(24):104-105.

[69]李晓华,张丽萍,王晓凤,等.地方高校创新创业教育体系构建研究[J].河北科技大学学报(社会科学版),2015,15(4):84-89.

[70]曹一帆.新形势下提升高校学生创新创业能力培养路径与策略分析[J].中国集体经济,2015(36):145-146.

[71]谈晓辉,张建智,关小舟,等.大学生创新创业课程建设研究与探索:以中南大学能源学院为例[J].创新与创业教育,2015,6(6):92-94.

[72]程洁.高职院校创新创业教育课程设计[J].武汉船舶职业技术学院学报,2015,14(06):73-77.

[73]占卫国.基于区域经济发展的高职创新创业人才培养实践研究[J].农村经济与科技,2015,26(12):273-274+31.

[74]卢瑞雪.高校创新创业教育策略研究[J].吕梁教育学院学报,2015,32(4):10-12+21.

[75]肖昊,白丽.论创新创业活动的实践特征[J].华南师范大学学报(社会科学版),2015(6):123-133.

[76]马建红,张晗,林楠,等.基于创新创业教育的实践教学体系改革研究[J].电脑知识与技术,2015,11(30):102-103.

[77]闫永帅.关于构建工科高校大学生创新创业教育体系的思考和实践[J].人才资源开发,2015(24):217.

[78]朱伯儒.老区发展新引擎创新创业兴黄冈[J].领导科学论坛,2015(24):40.

[79]李孟歆,栾方军,刘剑,等.高等学校创新创业人才培养模式探索与实践[J].教育教学论坛,2015(51):118-119.

[80]张政.思想政治教育视域下深化高职院校创新创业教育改革研究[J].中国职业技术教育,2015(36):78-81.

[81]南方周末【ofo返钱:还债的尽头是电商?】

[82]澎湃新闻【ofo小败局|ofo的共享单车商业模式本身可能就不成立】

[83]东方财富网【共享单车生死存亡ofo如何走到现在这一步】

[84]张小龙【2019年微信公开课】

[85]钛媒体APP【微信8年,干掉了短信也杀死了媒体?】

[86]果粉俱乐部【微信杀手?5G 消息来了】

[87]搜狐网【微信时代,短信或将灭亡?】

[88]钛媒体APP【新东方"撒网式"转型】

[89]胡润百富【新东方直播转型"火出圈"｜企业转型的背后，是不言放弃的企业家精神】

[90]华尔街见闻【股价翻10倍，新东方直播卖货有多大想象力？】

[91]雷军【2019年获得复旦大学企业管理杰出贡献奖的演讲】

[92]TopMarketing【留不住"野性消费者"，鸿星尔克的焕新之路何去何从？】

[93]数码密探【30天掉粉29万，门店销量惨淡，爆红的鸿星尔克，仅仅是昙花一现】